企业文化的建设与发展研究

蔡宗贵 著

吉林人民出版社

图书在版编目(CIP)数据

企业文化的建设与发展研究 / 蔡宗贵著. —长春：
吉林人民出版社，2023.8
ISBN 978-7-206-20398-5

Ⅰ.①企…　Ⅱ.①蔡…　Ⅲ.①企业文化—研究—中国
Ⅳ.①F279.23

中国国家版本馆 CIP 数据核字(2023)第 174220 号

企业文化的建设与发展研究

QIYE WENHUA DE JIANSHE YU FAZHAN YANJIU

著　　者：蔡宗贵

责任编辑：赵梁爽　　　　　　　　封面设计：图美之家

吉林人民出版社出版发行（长春市人民大街 7548 号）　邮政编码：130022

印　　刷：吉林省优视印务有限公司

开　　本：710mm×1000mm　1/16

印　　张：9.75　　　　　　　　字　　数：200 千字

标准书号：ISBN 978-7-206-20398-5

版　　次：2023 年 8 月第 1 版　　　印　　次：2023 年 8 月第 1 次印刷

定　　价：68.00 元

如发现印装质量问题，影响阅读，请与印刷厂联系调换。

前　　言

　　文化是企业的灵魂,企业文化的价值是永恒的,是企业兴旺发达的根基。从某种意义上说,一个企业的竞争优势和可持续发展能力取决于企业文化的生命力和凝聚力。中国有着五千年的历史,在文化建设方面更是有着非常悠久的历史。当前,我国经济发展迅速,随着国际和国内形势的变化,以及国家经济战略的调整,中国经济发展模式逐渐转变,从传统向绿色以及低碳转型。许多国有企业正在面临着严峻的挑战,但依然得到了快速发展和壮大,其规模在世界范围内也是名列前茅,并且许多国有企业具有悠久的文化底蕴,这为我国国有企业开展文化建设提供了良好基础。

　　企业文化建设的最终目标,就是要成为一个以员工为主体、以价值观为导向、以企业精神为灵魂的组织。现代企业的发展不仅需要提高生产力与创造力,更应同时加强对企业文化的发展及建设,这样才能提高职工的归属感,凝聚企业力量。建设优秀的企业文化不仅可以促进企业发展,更可以加强企业各部门之间的联系,改善各部门之间的关系,使企业各项工作都能够有条不紊地进行。在此基础上,本书将在结合企业文化发展现状的前提下,对企业如何更好、更丰富地建设企业文化做出详尽的研究,以提高企业的综合竞争力,使企业更加健康多元地发展。书中难免有疏漏之处,敬请广大读者批评指正。

蔡宗贵

2023 年 8 月

目　　录

第一章
企业文化概述

第一节　企业文化的内涵

随着我国经济的快速发展,时代对企业的运营管理提出了新要求,即要求企业的管理更加精细化。企业文化建设作为企业管理的重要组成部分,对企业管理的促进作用十分显著。了解文化的内涵,有助于了解和把握企业文化的内涵。

一、企业文化的内涵

"企业文化"作为专业术语,最初来自20世纪80年代初的西方管理学界,在英语中由于它出现的场合不同而有不同的称谓,如企业文化、公司文化、组织文化等。

(一)国外一些专家的观点

威廉·大内认为:"公司文化包括一整套象征、仪式和神话。它们把公司的价值观和信念传输给员工。这些仪式给那些原本就稀少而且抽象的概念添上血肉,赋予它们生命力,从而能够对雇员产生意义和影响。"特雷斯·E. 迪尔和阿伦·A. 肯尼迪认为:"企业文化是由价值观、神话、英雄和象征凝聚而成的,这些价值观、神话、英雄和象征对公司的员工具有重大意义。"

埃德加·沙因认为:"企业文化是企业(群体)在解决外在适应性与内部整合性问题时习得的一组共享假定。因为它们运作得好而被视为有效,因此传授给新成员,作为遇到这些问题时如何去知觉、思考及感觉的正确方法。"

杰克琳·谢瑞顿和詹姆斯·L. 斯特恩认为:"企业文化通常指的是企业的环境或个性,以及它的方方面面。它是'我们在这儿的办事方式',连同其自身的特性,它很像一个人的个性。"

(二)国内一些专家的观点

胡正荣认为:"企业文化作为一种亚文化,是属于组织文化的一个子概念,它是在一定的社会历史条件下,企业生产经营和管理活动中所创造的基本企业特色的精神财富和物质形态。它包括文化观念、价值观念、企业精神、道德规范、行为准则、历史传统、企业制度、文化环境、企业产品等。其中,价值观是企业文化的核心。"

刘志迎认为:"企业文化是一个经济意义与文化意义的混合体,是企业中形成的价值观念、行为准则,包括企业对内的文化理念传播与沟通,也包括企业对社会文化的影响。"

罗长海认为:"企业文化是指企业在各种活动及其结果中,所努力贯彻并实际体现出来的以文明取胜的群体竞争意识,并且表现为企业的总体风采和独特的风格模式。"

王成荣认为:"企业文化是指在一定的社会大文化环境影响下,经过企业领导者的长期倡导和全体员工的积极认同、实践与创新所形成的整体价值观念、信仰追求、道德规范、行为准则、经营特色、管理风格以及传统和习惯的总和。"

张德认为:"企业文化是指全体员工在企业创业和发展过程中,培育形成并共同遵循的最高目标、价值标准、基本信念及行为规范。它是组织观念形态、制度与行为以及符号系统的复合体。"

魏杰认为:"企业文化是企业经营者长期倡导、为广大员工认同接受并自觉付诸实践的价值理念和行为规范。"

企业文化是企业在经营管理过程中形成、倡导的,被大多数企业人员普遍认同接受并自觉遵循实践的价值理念、行为方式、规章制度和物质表现的总和。

二、企业文化内容的创新与发展

未来企业文化是今天企业文化的延续。当然,这种延续不是简单的传承,而是创新和发展。在这个过程中,有些先进文化被继承下来,有些落后文化被淘汰掉,有些文化经过演绎会发生转型,同时新环境也会造就一些全新的文化。可以预见,未来企业文化的内容将更加丰富多彩。

(一)创新与变革文化

经济全球化、信息化和知识化的加速对企业创新提出了挑战。创新与变革文化是企业危机意识、生存意识和发展意识的集中体现。创新与变革包括丰富的内涵,既包括技术、产品、市场及经营、服务方式的创新与变革,又包括管理组织、制度、手段和方法的创新与变革。在创新与变革文化的导向下,企业至少表现出以下几个方面的文化风格:

1. 敢于挑战自我,视今天为落后,志在追求更高的目标,善于打破今天的平衡,创造新的平衡,使企业永远处于动态的发展中。

2. 不怕冒风险,善于在风险中寻找更好的经营机会。

3. 宽容失败,即为了鼓励人们创新与变革,能够宽容在创新中出现的失误。

4. 善于行动,千方百计把好的想法变成现实。

(二)人本与能本文化

人本价值观仍然是未来企业文化的主旨和主旋律。"能本"价值观包括丰富的内涵:一方面,旨在使每个人将能力最大限度地发挥,作为价值追求的主导目标,既充分发挥现有能力,又充分发挥人本身潜在的能力,同时要通过学习与提高,增强能力,具备专长,力求成为解决某一方面问题的专家;另一方面,对企业来讲,就是要把合理使用能力、开发潜能、科学配置能力、积极培养能力作为工作的重心,最大限度地发挥个人价值,并把它与企业价值统一起来。在人本价值观的基础上形成的"能本"价值观是对传统"权力本位""金钱本位"及"关系本位"价值观的超越,倡导这种新的文化价值观,有助于增强企业的整体创造力,提高整体效率与效益,并形成竞争优势。

(三)差别与差别文化

众所周知,人与人之间的能力差别是客观存在的,这是因为人们的天赋不同、受教育的程度不同,经历与经验不同、成长的环境不同等,进而每个人的知识结构、思维能力和行为能力等都有差别。在企业中,因为员工的能力有差别,所以员工的分工就有差别,不同能力的人就会做不同性质、不同专业、不同能级的工作,也就有不同的收入。

能力差别造成的收入差别,与尊重人权和尊重人格没有关系。差别与差别文化代表了企业文化创新的一个重要方向。企业只有不断培植这种文化,才能真正适应市场经济的需要,更好地体现以人为本、尊重知识、尊重人才的理念。在企业中,领导者需要充分激励高能级、贡献大的员工,鞭策低能级、贡献小的员工,才能激发人们的竞争精神、卓越精神和学习精神。

(四)学习与超越文化

未来成功的企业将是"学习型组织"。按照彼得·圣吉的观点,学习型组织具有五种技能或修炼:自我超越;改善心智模式;建立共同愿景;团体学习;系统思考。这里的修炼并非靠强制力量或威逼利诱,而是必须精通整套理论、技巧,并付诸行动。

自我超越,就是要求每个组织成员要不断而深入地弄清自己真正的最高愿望,即弄清自己的内心深处最想实现的究竟是什么。为了实现这个最高愿望,每个成员都要集中精力,全心投入,正视现实,终身学习,不断创造,超越自身。

心智模式,又称为思维模式。心智模式无论是对个人还是对组织,都具有既深远又广泛的影响。改善心智模式主要有以下几个要求:一是要学会发掘自己的心智模式,使它浮上表面,因为人们通常不易觉察自己的心智模式,也不太清楚它对行为所产生的重大影响;二是要严加审视自己的心智模式,摒弃其中不合时宜的成分;三是要培养一种有学习效果的、兼顾质疑与表达的交谈能力,以便有效地表达自己的想法;四是要学会聆听和接纳别人的想法。

共同愿景是指共同的目标理想和共同的价值观。建立共同愿景主要有以下几个要求:一是领导者要有将个人的目标转化为能够鼓舞整个组织的共同目标的观念并付诸行动;二是一个共同的危机较容易激发一个组织形成一个共同的目标,这时不应只满足于暂时解决危机,而应该追求更高的目标,这往往是大多数人所愿意选择的;三是将个人目标整合为共同目标,应该遵循引导学习的原则,努力培养公司成员主动、真诚地奉献和投入的意识与行为,而不应该制作一本行动手册让每一个成员被动遵守,这样往往很难达到企业的预期目标。

团体学习理论认为,在现代组织中学习的基本单位是团体而不是个人。当团体真正在学习的时候,不仅团体整体能产生出色的成果,而且个别成员成长的速度也比其他的学习方式快。团体学习主要有以下两个要求:一个是学会进行"深度会谈",使一个团体的所有成员都说出心中的假设而进入真正一起思考的状态,而不同于一般的"讨论"或"对话";另一个是找出妨碍学习的互动模式,将其暴露出来,从而提高学习的速度。

系统思考主要有以下两个要求:一个是养成对系统整体,而不是对它的任何一个单独的部分深入地加以思考的习惯;另一个是理解系统论的完备知识体系,掌握其实用工具,以认清整个变化形势,开创新的局面。

由此可见,学习型组织在共同的意愿下,有着崇高的信念与使命,具有实现理想的共同力量,并且人们勇于挑战过去的成功模式及力量极限,充分发挥生命潜能,创造超乎寻常的成果,每个人从学习中体验工作的意义,追求心灵的成长和自我价值的实现。

与这种学习型组织相适应的是学习与超越文化。在这种文化导向下,人们追求通过学习提高素质,开发能力与智慧。显然,这里的学习不是通常意义上的学习,而是真正的学习。通常意义上的学习是指吸收知识或获得信息;而真正的学习涉及人之所以为人这个意义的核心。通过学习,个人重新创造自我;通过学习,人们能够做到从未做过的事情,重新认知这个世界及其与人们之间的关系,扩展创造未来的能力。这里所说的学习主体是包括个人在内的整个组织。一个组织的真正学习,不能满足于生存,还应当着眼于开创美好的未来,使每个成员在这个组织内工作,能感到自己属于一个比自我强大的团体,能体现人生的价值。

(五)虚拟与借力文化

虚拟经营是经济全球化时代中企业无形资产增值和品牌效应放大的产物,其本质是借用外力,在较大的市场范围内利用高新信息技术,进行经营资源的组合与配置,企业只保留对市场变化的高度敏感性和设计开发能力,其他环节均通过国际分工体系完成,以扬其所长,避其所短,从而突破企业自身的能力极限,实现快速增长。与虚拟经营相适应的虚拟与借力文化的出现,大大改变了企业的经营理念,主要体现在以下几个方面:

1.使企业在经营中更注重培育品牌,开发无形资产价值;

2.在实践中树立大市场观和大资源观,利用自身的商誉优势,从全球的视野捕捉市场机会,组合资源,寻找合作伙伴;

3.提高企业灵活、柔性、合作、共享、快速反应、高效输出的素质和能力。

未来的企业是没有市场边界、没有资源限制的企业,只有培育虚拟与借力文化,才能实现经营创新和市场创新,最终获得超乎寻常的发展。

(六)速度与效率文化

在西方经济学家眼中,企业的本质就是能够创造比其他形式更快的速度、更高的效率。科斯及其追随者认为,企业替代市场,仅仅是因为它能节省交易费用。阿尔钦等人认为,企业作为一种团队生产方式,其意义就在于多项投入在一起合作生产得出的产出要大于各项投入分别生产的产出之和。可见,速度与效率文化是内生于企业这种组织形式的。没有速度与效率,交易成本过高,投入产出不能形成合理的比例,企业也就没有存在的必要。未来的企业之所以更重视速度与效率,主要是因为全球性市场竞争的需要。只有讲速度与效率,企业才能捕捉到更好的经营机会,才能以最低的成本、最优惠的价格、最便捷的方式,把产品和服务提供给顾客,从而赢得市场,赢得顾客的信赖与忠诚,最终赢得竞争。速度与效率文化是推动企业革新与进步的加速器。在速度与效率文化导向下,企业要通过组织创新,创造精干高效的组织运行机制;通过业务流程再造,实现产品质量、服务质量、顾客满意度和效益的全面提高;通过人力资源开发与科学的管理,促使人们学习现代科学文化知识,掌握先进的工作技能与方法,加快工作节奏,提高工作效率。

(七)协作与共享文化

企业是由众多人组成的协作体,企业对外开展经营活动也是在与他人协作之中进行的。市场经济无疑要倡导竞争,但不能忽视协作。竞争与协作本身就是一体两面。因此,未来企业文化中协作是主旋律。一个企业的生存目的不仅是为了获得自身价值的增长,好的企业大大超越传统经济学有关利益是唯一驱动力的理论,追求企业与员工价值共享,追求企业与社会价值共享。在考虑社会价值时,企业除了维护顾客的利益、维护社会公共利益外,尤其要关注自然生态价值,通过保护并合理使用自然资源,通过开发绿色技术、绿色产品,推行绿色营销、绿色包装、绿色服务等,促进社会经济的可持续发展。此外,企业也需要关注社会文化价值,努力通过自身的经营行为和公益活动,向社会传播先进的价值观和生活方式。协作与共享文化真正使企业面向社会,在谋求自身和谐的基础上与投资者、竞争者、供应商、经销商、顾客、金融机构以及其他社会成员取得和谐,与自然环境取得和谐,在和谐中实现价值的共同增长。

(八)信用与信誉文化

市场经济是信用经济。没有信用,不讲信誉,缺少游戏规则,市场经济就没有良好的秩序,也就不会产生比其他经济体制更高的效率。

在信用文化建设上,企业面临着双重任务:一方面要完善法律意识和契约理念,以弥补信用缺失;另一方面,还要加强信用积累,提高信誉,在与社会信用文化建设的互动中,不断提高信用管理水平。

(九)知识管理

在知识经济时代,企业的竞争优势将主要取决于企业的技术优势和管理优势,而不是传统的资源优势和资金优势。因此,知识经济时代企业间的竞争是企业创新能力的竞争,而创新能力的竞争归根结底又是企业在知识的生产、占有和有效利用方面的竞争。要提高竞争力,企业就必须提高获取知识和有效应用知识的能力,而学习、研究与开发正是获取这种能力的基本途径。所以,企业正逐渐将学习、研究与开发活动当作企业的核心活动,借助信息技术与网络进行信息的收集与综合,并与企业的智力资源相结合进行提炼、开发与创新,以形成独特优势。这就是说,对知识的开发和管理逐渐上升为企业管理的重要组成部分。知识管理已成为企业管理的重要内容和主要形式。知识管理的兴起带来了管理模式的创新和革命。企业知识管理与企业文化密切相关,企业文化也发生了深刻的变化。

第二节　企业文化的结构

对于企业文化的结构层次,国内外有多种划分方法,从二层次结构、三层次结构到四层次结构、六层次结构,都有论述。其中,以四层次结构论述者居多。在四层次结构的论述中,又有两种不同派别:一种认为,企业文化从里向外依次是精神文化、行为文化、制度文化、物质文化;另一种认为,企业文化从里向外依次是精神文化、制度文化、行为文化、物质文化。而企业文化三层次结构划分法,就是将企业文化四层次结构划分法中的制度文化与行为文化合二为一,或叫制度文化,或叫行为文化。

考虑到企业文化结构三层次与四层次划分法的实际情况、制度文化与行为文化既有区别又有紧密联系的特点以及企业实际需求等因素,可将企业文化结构的划分法创造性地确定为三层次四分法,即企业文化有三个层次:最里层、中间层和最外层;企业文化有四个分法,即理念文化、行为文化、制度文化和物质文化;企业文化的最里层是理念文化,中间层包括行为文化和制度文化,最外层是物质文化。

一、企业文化的分类

(一)国外企业文化的分类

特雷斯·迪尔和阿伦·肯尼迪以企业经营活动的风险程度和企业及其员工工作绩效的反馈速度为两个维度,划分出由市场环境决定的三种企业文化类型:强人型企业文化、攻坚型企业文化和过程型企业文化。

美国的约翰·科特和詹姆斯·赫斯克特根据企业文化与企业长期经营业绩的关系,把企业文化分为三种类型:强力型企业文化、策略合理型企业文化和灵活适应型企业文化。

哈里森以公式化程度和集权化程度为基准,把企业文化分为四类:官僚企业文化、权利企业文化、行列企业文化和核心化企业文化。

日本的河野丰弘以"采取的行为是革新的、积极的,还是保守的、消极的;分析的,还是直觉的;上下的距离如何"为标准,把企业文化分为五类:有活力的企业文化,追随独裁者、有活力的企业文化,官僚的企业文化,僵化的企业文化,追随独裁者、僵化的企业文化。

日本的梅泽正和上野征洋以行动基本方向为横坐标,以对待环境的态度为纵坐标,把企业文化分为四类:自我革新型企业文化、重视分析型企业文化、重视同感型企业文化和重视管理型企业文化。

以上分类大都建立在广泛的实证研究之上,视野开阔,分析方法辩证,对中国企业文化类型的选择和管理具有一定的指导意义。但是,由于他们研究选取的样本与中国企业文化有差异,中国企业在管理企业文化时应辩证地借鉴和吸收。

(二)国内企业文化的分类

到目前为止,国内专家学者对企业文化类型的研究不是很多。国内常见的分类大致是:

1. 根据企业性质,企业文化可以分为国有企业文化、合资企业文化、民营企业文化等;

2. 根据企业文化形成中管理主体的状态,可以分为自发的企业文化和自觉的企业文化;

3.根据企业文化成长态势和成长阶段,可以分为创业型企业文化、成长型企业文化、成熟型企业文化和衰退型企业文化;

4.根据企业文化的内容特质,可以分为传统型企业文化、务实型企业文化、团队型企业文化、竞争型企业文化、创新型企业文化和目标型企业文化;

5.根据企业文化的作用力强弱程度,可以分为强企业文化和弱企业文化。

综上所述,我们将我国企业文化分为自发的企业文化和自觉的企业文化更有实际意义。

自发的企业文化具有朴素性、多元性、唯意志性、不连贯性等特征,是目前中国企业文化的主流状态。

自觉的企业文化具有整合性、系统性、超越性、持久性、明显的功效性等特征,是企业追求的重大目标。目前,自觉的企业文化只存在于市场经济中处于先进和优势地位的国有企业、少数股份制企业、合资企业、外资企业、高科技民营企业和极少数乡镇企业中,总量比具有自发的企业文化的企业少得多。

从自发的企业文化发展到自觉的企业文化,是一种必然的进程。在这种进程中,企业本身应具有清醒的认识,主动、持续地关注和践行企业文化的建设和落实。在此过程中,企业借助"外脑",聘请管理咨询公司进行帮助是一种重要的途径。

二、企业文化体系

企业的理念文化、行为文化、制度文化和物质文化是相互影响、相互作用的,共同构成了企业文化体系或系统。

(一)企业理念文化

根据企业文化的内涵,我们可以推导出企业理念文化的内涵,即企业理念文化就是企业在经营管理过程中形成、倡导的,被大多数企业人员普遍认同接受并自觉遵循实践的价值理念。

企业理念文化也叫企业精神文化,是企业意识形态的总和,包括企业文化定位、核心理念、基本理念等内容,其中核心理念是企业理念文化的核心内容,而核心价值观又是核心理念中的核心,因此核心价值观是企业理念文化核心的核心。

企业理念文化是企业文化的核心和精髓,是企业健康成长的思想支撑点和精神动力。企业理念文化的形成一般需要较长的时间,但一旦形成,就具有相对的稳定性。与企业行为文化、制度文化和物质文化相比,企业理念文化的稳定性最强。

企业理念文化在企业文化结构中是决定性因素,它决定着企业行为文化、制度文化和物质文化的变化和发展,同时也是企业行为文化、制度文化和物质文化的总结和升华。

企业理念文化具有隐形的特征,它通过企业行为文化、制度文化和物质文化体现出来,而企业行为文化、制度文化和物质文化反过来也会影响企业理念文化的发展。

(二)企业行为文化

根据企业文化的内涵,我们可以推导出企业行为文化的内涵,即企业行为文化就是企业在经营管理过程中形成、倡导的,被大多数企业人员普遍认同接受并自觉遵循实践的行为方式。行为方式也是一种文化现象,行为是有规律的,对企业行为规律的研究可以称之为企业行为文化。企业行为文化的内容非常多,包含企业所有的行为方式。

企业行为文化受企业理念文化的制约,是企业理念文化转变为行为方式的表现。企业理念文化也可称为企业价值观,企业行为方式与企业价值观的关系通常有以下三种情况:

1. 企业价值观与企业行为方式一致

企业价值观包含的相信和趋向的肯定因素达到极致,就会形成企业人员的信仰,信仰是价值观坚定不移的状态。在信仰的支配下,企业人员就会产生坚定不移的行为,行为与价值观会表现出高度的一致性。企业价值观与企业行为方式一致是企业文化追求的最高境界。

2. 一种企业价值观表现为多种企业行为方式

一种价值观可以表现为多种行为方式,其中每一种行为方式与价值观同样具有一致性。比如,同样是为了表达结婚时的幸福与快乐,有的人采用中国古典抬轿、穿红色唐装的方式,有的人采用西式穿白色婚纱的方式,有的人采用不办婚礼、旅行结婚的方式……同样,一种企业价值观也可以表现为多种企业的行为方式。

3. 企业价值观与企业行为方式不一致

企业价值观与企业行为方式有时会不一致,其原因主要有两种:一种是企业价值观不符合企业的实际情况,企业人员不认同、不接受甚至排斥这种价值观,在行为方式上表现为与价值观不一样,这时企业文化重在价值理念的建设;另一种是企业价值观符合企业的实际情况,但企业人员不愿意认同、不愿意接受甚至排斥这种价值观,在行为方式上仍然表现为与价值观不一样,这时企业文化重在价值理念的落实。

企业行为文化与企业制度文化的关系也较为紧密,有的企业行为文化的内容可以归入企业制度文化中,只是企业行为文化的激励性较企业制度文化强,企业行为文化的强制性和约束力较企业制度文化弱。企业行为文化影响着企业制度文化的完善与改进。

企业行为文化也影响着企业物质文化,企业物质文化的发展要靠企业人员的行为去推动。

(三)企业制度文化

根据企业文化的内涵,我们可以推导出企业制度文化的内涵,即企业制度文化是企业在经营管理过程中形成、倡导的,被大多数企业人员普遍认同接受并自觉遵循实践的规章制度等强制性规范文化(此处的企业文化是广义上的,即企业文化包括企业制度)。

企业制度文化既包括制度形式,也包括与之相适应的文化意识和文化氛围。制度是文化的一种形式,制度可以体现制度文化。企业制度文化的实质是企业的运行机制或经营管理模式,而不仅仅指企业制度本身。

企业制度文化是企业理念文化的传导器。企业制度文化是企业理念文化的产物,也是企业理念文化的载体。企业制度通过各种规范、守则和章程,引导企业人员去遵守企业理念文化。同时,企业制度文化对企业理念文化也有一定的反作用。但新的企业制度的建立,也会影响企业人员选择新的价值观念,从而成为新的理念文化的基础。

企业制度文化是贯彻企业行为文化的保证。行为是制度的函数。企业制度旨在规范和约束企业人员的行为,引导企业人员采取正确的行为,约束企业人员的不良行为,减少企业人员行为的不确定性,协调企业人员之间的关系,以确保企业目标的顺利实现。与企业人员工作、学习等方面直接发生联系的行为文化建设得如何,都与制度文化的保障作用息息相关。

企业制度文化是适应企业物质文化的固定形式。企业制度文化是企业物质文化建设的保证,没有严格的岗位责任制、科学的操作流程等一系列制度的约束,任何企业都不可能拥有良好的物质文化。

综上所述,企业制度文化既是适应企业物质文化的固定形式,又是企业塑造理念、行为文化的主要机制和载体。它是企业文化中人与物的中介和结合,是一种约束企业及其人员行为的规范性文化,它使企业在多变的环境中处于良好的运行状态和工作秩序,从而保证企业战略的顺利实现。

(四)企业物质文化

根据企业文化的内涵,我们可以推导出企业物质文化的内涵,即企业物质文化是企业在经营管理过程中形成、倡导的,被大多数企业人员普遍认同接受并自觉遵循实践的物质表现。

企业物质文化有时也叫企业形象文化,主要包括企业的标识、建筑、设备、产品等有形的物体,是一种以物质为形态的表层、载体企业文化。

企业物质文化是企业理念文化、行为文化和制度文化的显现,主要体现在以下两个方面:一是受企业理念文化、行为文化和制度文化的制约,具有从属性和被动性;二是人们感受企业文化存在的外在形式,具有形象性和生动性。

企业物质文化是评价企业总体文化的起点,是企业理念文化的最直接体现。企业物质文化体现了人类认识世界和改造世界的水平,企业物质文化的发展有助于推动企业理念文化、行为文化和制度文化的变革。

第三节　企业文化的功能

一、企业文化的特征

企业文化的特征有很多,可将其总结、提炼为五个"统一",即科学性与人文性的统一、理论性与实践性的统一、传承性与创新性的统一、个性与共性的统一、无形与有形的统一。

(一)科学性与人文性的统一

"科学"是人认识外物,主要是指自然科学,它偏重对"真"与"功利"的追求;"人文"是人认识自我,主要是指对人性中的价值、善、美等的认识和追求。科学与人文本质上都是对人或人类、社会最高境界"真、善、美"的追求,两者联系紧密。

在企业文化中,行为文化、制度文化和物质文化大都是以科学为基础的,说明了企业文化具有科学性。同时,企业文化是以价值观为核心的,说明企业文化也具有人文性。企业文化是在科学性的基础上强调人文性。

(二)理论性与实践性的统一

企业文化是一项系统工程,是围绕理念文化、行为文化、制度文化、物质文化等方面全方位展开的,使这些方面相互作用,形成一个有机的整体。其中,以价值观为核心的理念文化是企业文化的最核心部分,这部分属于人的思想范畴。因而,企业文化的理论性很强,需要系统的理论来指导企业的实践。

企业文化是一种企业管理的思想和理论,同时也是一种企业管理的行为和实践。理论来源于实践,实践对于理论具有反作用。企业文化,特别是价值观,作为一种认识观念,离不开企业的生产、经营实践活动,它来源于实践,又为实践服务。企业文化的实践性在于企业文化重在培育共同价值观念,规范、约束员工的行为,而不仅仅是信奉和倡导。

(三)传承性与创新性的统一

企业文化具有传承性。企业文化在企业成立之初就存在,并随着企业发展而不断地积累。尤其是居于核心地位的价值观念的形成需要很长时间,一旦形成就具有相对的稳定性,不可能在短期内发生根本性的转变。

然而,企业文化并不是永远不变的。创新是人类进步的灵魂,随着企业的发展,企业文化中的某些因子会显得不合时宜,某些消极元素会不断滋生,同时,一些符合时代潮流、有助于企业发展的积极元素需要得到补充。这时,企业应该按照与时俱进、遗貌取神、取其精华、弃其糟粕的原则来梳理、提炼、创新企业文化,以不断顺应时代潮流、助力企业发展。

(四)个性与共性的统一

世界上没有完全相同的两片树叶,任何企业都有自己的特殊品质,企业文化也具有鲜明的个性。不同的国度、不同的民族、不同的地域、不同的领导风格、不同的团队、不同的产品等都会形成不同的企业文化。营造富有个性的企业文化,可以给企业带来异常的活力和长久的生命力。

企业文化伴随着企业的始终。虽然不同的企业有不同的企业文化,但是以人为本、尊重人性、从心开始的理念是企业文化最基本的落脚点。在本质上,企业文化便是对企业人员在心灵归属和奋斗目标等方面进行的定位和统一。

(五)无形与有形的统一

企业文化主要是一种软约束,强调大多数人的认同,强调人的自主意识和主动性,通过启发人的自觉意识来达到自控和自律。企业文化,尤其是理念文化,是一种氛围、一种磁场,看不见、摸不着,却能感觉到它的存在。企业文化的影响是自然和自发的,潜移默化的。

当然,企业文化在软约束中也含有一些强制措施,如对违背企业文化的言行进行舆论谴责或者通过制度来惩罚。而且,企业理念文化、行为文化、制度文化的载体都是有形的,物质文化更需要借助有形的载体才能实现。企业文化看起来是无形的、很虚的,但通过企业文化的建设和落实可以做成有形的、有实效的。

二、企业文化的功能

企业文化作为一种先进的管理理论,它是以人民为中心、以文化引导为根本手段、以激发员工的自觉行为为目的的独特的文化现象和管理思想,是企业的灵魂和精神支柱,在企业管理中有独特的功能。

企业文化的功能有很多,可对其总结、提炼为六大功能,即导向功能、推动功能、凝聚功能、辐射功能、激励功能和约束功能,并设计了企业文化"六大功能"模型。企业可以看成一个球体,企业文化分别在球体的前、后、内、外、上、下产生功能,即在前面起导向功能,在后面起推动功能,对内起凝聚功能,对外起辐射功能,向上起激励功能,向下起约束功能。

(一)导向功能

企业文化反映了企业整体的共同追求、共同价值观和共同利益。这种强有力的文化,能够对企业整体和企业每个成员的价值取向和行为取向起到导向作用。一个企业的企业文化一旦形成,它就建立起自身系统的价值和规范标准,对企业成员个体的思想和企业整体的价值和行为取向发挥导向作用。

企业文化的导向功能,主要是通过企业文化的塑造来引导企业成员的行为心理,使人们在潜移默化中接受共同的价值观念,自觉自愿地把企业目标作为自己所追求的目标来实现的。企业文化的导向功能具体体现在三个方面:一是规定企业行为的价值取向;二是明确企业的行动目标;三是建立企业的规章制度。

(二)凝聚功能

企业文化可以增强企业的凝聚力,这是因为企业文化有同化作用、规范作用和融合作用。这三种作用的综合效果,就是企业的凝聚功能。这种功能通过以下两个方面得以体现:一方面是目标凝聚,即通过企业目标使其突出、集中。以明确和具体的形式向员工和社会公众表明企业群体行为的意义,成为企业全体员工努力奋斗的方向,从而形成强大的凝聚力和向心力。另一方面是价值凝聚,即通过共同的价值观,使企业内部存在着共同的目的和利益,使之成为员工的精神支柱,从而把员工牢牢连接起来,为了实现共同理想而聚合在一起。

(三)激励功能

企业文化中的员工士气激励功能,是指企业文化以人为中心,形成一种人人受重视、人人受尊重的文化氛围,激励企业员工的士气,使员工自觉地为企业而奋斗。企业文化对企业员工不仅有一种无形的精神约束力,而且有一种无形的精神驱动力。这是因为,企业文化使企业员工懂得了他所在的企业存在的社会意义,看到了他作为企业一员的意义和自己生活的意义,从而产生一种崇高的使命感,以高昂的士气,自觉地为社会、为企业、为实现自己的人生价值而勤奋地工作。企业文化的激励功能具体体现在三个方面:一是信任激励;二是关心激励;三是宣泄激励。

(四)约束功能

科学管理是以物为中心的管理,而企业文化则强调以人为中心的管理。从这个意义上来说,企业文化可以说是企业管理的灵魂。企业文化具有特殊的强制渗透功能,把企业精神融入规章制度(如厂规、厂法等)之中,使个人和企业的行为规范化。这是经营者管理的依据,是企业形成自我约束机制的基础。由于这些规章制度反映了企业内所有职工的共同利益和要求,理所当然会受到理解和支持。

企业文化的约束功能是通过制度文化和道德规范而发生作用的:一方面,企业规章制度的约束作用较为明显,而且是硬性的,规章制度面前人人平等;另一方面,企业的伦理包括社会公德和职业道德,员工都必须遵守,它是一种无形、理性的韧性约束。

(五)辐射功能

企业文化与社会文化紧密相连,在受社会大文化影响的同时,也潜移默化地影响社会文化,并对社会产生一种感应功能,影响社会,服务社会,成为社会改革的一个重要途径。企业文化不仅能在本企业发挥作用,而且会向社会辐射和扩散。其辐射功能主要是通过以下途径实现的:一是通过企业精神、价值观。伦理道德向社会扩散,与社会产生某种共识,并为其他企业组织所借鉴、学习和采纳。二是通过产品这种物质载体向社会辐射。三是通过员工的思想行为体现出企业精神和价值观,向社会传播和扩散企业文化。四是"为了辐射而辐射",它具有针对性,通过具体的宣传媒介和工具使企业文化向外扩散传播。

(六)推动功能

企业文化之所以具备推动功能,在于文化对经济具有相对的独立性,即文化不仅反映经济,而且反作用于经济,在一定条件下成为经济发展的先导。企业文化的推动功能,不仅表现为推动企业的经济,而且表现为能推动企业的教育、科学以及企业文明的总体状态。所有这些推动功能,是在企业文化系统和其他系统发生复杂的相互作用的情况下共同显示出来的效果。

第二章
企业文化设计

第一节　企业文化设计的原则与技术

一、企业文化设计的原则

(一)历史性原则

企业文化不能割断历史,因为文化需要沉淀,没有沉淀就没有厚度。企业文化离不开宏观的文化传统,也无法与企业的历史相割裂。企业文化的设计、完善过程就是不断地对企业的历史进行回顾的过程,从企业的历史中寻找员工和企业的优秀传统,并在新的环境下予以继承和发扬,形成企业特有的文化底蕴。

每个企业都有其特定的发展经历。会形成企业自身的许多优良传统,这些无形的理念已经在员工的心中沉淀下来,影响着平时的各项工作。我们可以看到一些优秀的文化传统对企业现在和未来的发展都具有积极的作用。因此,我们提炼企业文化时必须尊重企业历史、尊重企业传统。

(二)社会性原则

企业生存在社会环境之中,企业与社会的关系是"鱼水关系",坚持企业文化的社会性原则,对企业生存和发展都是有利的。但这不等于说企业放弃了"以我为主"的思想,去迎合公众。企业的经营活动应确立"顾客第一"的思想,同时体现服务社会的理念,树立良好的公众形象,顺应历史大潮,才能永续发展。

企业存在的社会价值,就在于它能够为社会提供产品和服务,满足人们对物质生活和精神生活的需要。松下幸之助提出"自来水哲学",要生产像自来水一样物美价廉的产品,充分体现出企业家对社会责任的认识。

企业文化从根本意义上是一种经营管理文化,优秀的企业文化是可以具有导向性的,是可以指导员工的行为的。把社会性原则放入企业文化设计的原则之中,就会促使企业自觉地完成自己的社会使命,从而获得社会的认同和回报。

(三)差异性原则

企业文化的活力在于鲜明的个性。企业文化设计的大忌是雷同,即与其他企业相比有似曾相识的感觉。众所周知,企业文化具有路径依赖性。每个企业的组织形式、行为习惯、精神风貌、价值取向等许多方面都会不同于其他企业。在企业文化的设计过程中,既要借鉴吸收其他企业文化的成功经验,又要坚持企业自身的独特性,才不至于落入俗套。

企业文化建设要突出本企业的特色,要能体现企业的行业特点、地域特点、历史特点、人员特点等方面。要让员工感到本企业的文化具有独特魅力,既与众不同又倍感亲切。这就要求企业文化设计绝对不能照搬照抄,提炼出的语言也要切忌平淡而缺乏个性。

(四)一致性原则

企业文化是一个庞大、完整的体系,企业文化的理念层、制度/行为层、符号层要体现一致的价值追求和经营管理理念,三个层次要共同为企业的发展战略服务。企业文化的理念层包含着企业的最高目标和核心价值观,而制度/行为层是使最高目标、核心价值观得到贯彻实施的有力保证。不符合最高目标和核心价值观的制度和行为将阻碍企业文化的发展。

企业文化的一致性表现在企业目标、思想、观念的统一上,只有在一致的企业文化的指导下,才能产生强大的凝聚力。文化的统一是企业灵魂的统一,是企业成为一个整体的根本。其中,最为核心的问题是企业文化与企业战略要保持一致,企业理念与制度/行为保持一致。当然,企业的符号层应能体现出企业独有的理念与制度的需要,使企业的外在形象与内在追求相统一。

(五)前瞻性原则

企业文化不是一成不变的东西,它是随时代而发展的,所以对企业文化真正重视就必须要求企业能够顺应时代的要求,不断调整、更新企业文化。企业文化不但需要建设,还需要不断完善,想方设法破除旧的、跟不上时代的文化,建设新型的企业文化。企业的竞争是综合实力持续而激烈的竞争,企业必须站得高,看得远。企业文化的设计要有更深邃的目光,更长远的考虑,而且不能仅仅盯着眼前的利益,只有这样企业才能在激烈的竞争中脱颖而出。

企业要不断发展,必须面向未来、面向新的挑战,而企业文化又是指导企业发展的重要因素。因此,注重企业文化设计的前瞻性,无疑会对企业有益。企业文化设计要着眼于未来,提出先进的、适应时代潮流的文化建设方向,才能对企业的发展起到指引作用,对员工队伍的建设起到牵引作用。

(六)可操作性原则

企业文化不是给外人看的,而是重在解决企业存在的问题。建设企业文化的过程,就是企业发现自身问题、解决自身问题的过程。企业文化建设形成的成果要起到提升企业经营效率、凝聚员工的作用,从而引导员工前进的方向、约束员工的工作行为,实现企业的战略目标。因此,企业文化的设计必须充分考虑可操作性,不可操作的企业文化顶多是一个空中楼阁,对企业经营管理毫无促进作用。

企业文化建设必须渗透到企业生产、经营的各个领域,为企业提升核心竞争力服务。在提炼企业文化时,企业要确保从现实出发,又要略高于现实,因此必须强调文化的实用性和可操作性。

二、企业文化设计的基本技术

(一)企业文化设计技术

企业文化是一个有层次的体系,其内部结构相对固定,但所含内容却千差万别,体现出不同企业的鲜明个性,这正是企业文化的魅力所在。在企业文化的设计中,要有所侧重,有所取舍。在整个过程当中,企业要注意一些核心工作和难点:一是理念各部分要有内在的逻辑关系,而不是一盘散沙;二是理念各部分又要相互独立,不能相互交叉,相互重复。

1.反复提炼个性化语言

企业文化要防止照搬其他企业的理念,世界上没有完全相同的两片叶子,更不可能有完全相同的两套企业文化。我们见到一些企业在表述企业文化时,除了"团结""求实""进取",就是"认真""勤奋""提高",完全看不出自己的看法和个性化的语言。

2.准确概括价值观念

文化管理不是用制度去约束职工,而是用价值观引导和教育职工。由于价值观是职工的一种共识,所以职工对于企业的管理也就有一种认同感。职工会自觉地遵循这种价值准则进行活动,而不会感到是一种约束,因而能够在企业内部管理有序的基础上,激发职工工作的积极性。美国著名的广告企业奥美环球董事长兼首席执行官谢利·拉扎勒斯认为,营销的诀窍仅仅在于找到世界承认的核心理念,你找到了这一普遍性的理念,然后就把它作为你所做一切的核心。凯尔蒂·戈德史密斯国际咨询公司董事、加利福尼亚大学和剑桥欧洲管理学院的客座教授安东尼·F.史密斯和美国国家地理电视台总裁蒂姆·凯利研究后认为:麦肯锡公司、沃尔特迪士尼电影公司、微软公司、戈德曼萨基公司等以"保留优秀人才"作为核心价值观,并在核心价值观上建立了自己的公司文化,因而避免了之后公司的危机。赫尔曼米勒公司总裁兼首席执行官迈克·沃尔克玛也说:"优秀的领导者必须拥有一套不妥协的核心价值观,这些价值观使他们在最困难的时候能够做出正确的决策。"

由于核心价值观是企业最重要的价值观念,在企业价值观念体系中居于支配地位,因此确立核心价值观就成为实行基于价值观的管理的第一步。那么,如何确立核心价值观,并以之为主导形成企业价值观体系呢?通常可以通过关键小组访谈或问卷方式进行初步调查,再根据企业发展的要求进行选择。价值观可以是一两条,也可以是一系列观点。我们可以根据重要性,选择最具企业特色的价值观作为企业核心价值观。

3.典型总结行为规范

所谓行为规范就是通过企业理念、企业制度和风俗长期作用形成的一种员工的自觉行为。这种共同行为将使内部沟通和协调变得很容易,对于增强企业凝聚力,提高企业运行效率都有很大帮助。一些企业看到了共性行为习惯的重要性,有意识地提出了员工在工作中的行为标准,即员工行为规范。它的强制性不如管理制度,但比制度更加具有导向性,容易在员工群体中形成共识,促使员工的言行举止和工作习惯向企业期望的方向转变。

企业提出员工行为规范主要是出于企业发展的需要。比如,出于鼓励奉献精神而提出的"无私奉献""爱国爱厂";出于塑造合作精神而提出的"和谐相处""真诚公正";出于维护企业形象而提出的"每个人都代表公司";出于产品质量要求而提出的"精益求精""追求完美";出于鼓励创新思想而提出的"博采众长""兼收并蓄""不断学习"。这些既有对现有优秀员工行为的总结,又有对其他企业成功经验的借鉴,我们可以称它为"典型总结"。

典型总结的原则是着眼现在、放眼未来。具体工作可以从三个方面入手:一是总结企业内部的优秀传统;二是总结成功企业的典型行为;三是总结传统文化的精髓。

4.整合领导与员工间的观念

美国最大的证券公司——美林公司名誉董事长丹·塔利说:"首席执行官应当做什么?在以往成功的基础上努力进取。在这一过程中,你要保持和发扬公司已有的核心价值观。"实行基于价值观的管理,关键在于塑造共同价值观,难点在于把企业价值观变为全体员工的共同价值观。

由于企业成员原有价值观的改造需要较长期的努力,故管理者一方面要善于协调不同成员在价值观上的差异,尽可能"求同存异",另一方面要善于用企业的价值观来统率各个职工的价值观,引导他们识大体、顾大局,为实现企业的战略目标而共同奋斗。企业价值观变为员工群体的共同价值观,最主要的方法就是进行教育和培训,从通用电气、海尔等中外企业的实践中,都证明了这一步骤的重要性。企业文化管理才是公司管理中至关重要的一步。明确了这一点,其他问题就迎刃而解了。

企业应该构建相应的企业文化,并形成共同价值观的支持系统,这也是不可缺少的工作。企业制度对共同价值观的作用影响很大,存在决定意识,且不同的制度强化不同的价值观。企业内部的管理制度,对员工来讲是外加的行为规范,它与内在群体价值观是否一致,可以说明企业家是否真正确立了文化管理观念。宝洁公司原董事长兼首席执行官约翰·佩珀说:"我们的原则和价值观就是我们的生活标准,但是在我们的事业中,还需要一种更快、更强、乐于冒险的精神。我们近几年的重组就是要构建这样一种文化。"

(二)对企业未来文化的把握

对企业未来文化的把握,主要是指企业文化要与企业战略发展相一致,与社会发展相一致。公司战略的目标定位、战略选择都会对企业文化产生一定的影响。例如,某一种生产导向的经营理念无法迎接日益激烈的市场竞争,另一种纯技术路线也很难在市场上立足。企业文化还需要企业家结合自身的战略目标和对未来竞争态势的判断,进行相应的企业文化建设。

企业文化的理念是全体员工的基本信念、核心价值观。道德标准以及企业应该提倡的精神风貌,它集中表明企业对未来的判断和战略选择,从这个意义上讲,理念顶层设计是企业文化的灵魂。从未来着眼是理念顶层设计的关键,企业家要注意以下几个重大理念设计。

1. 企业愿景设计

企业愿景也称企业理想或共同目标,它表明企业全体员工的共同追求,它既是一切活动的目标,也是凝聚人心的根本,所谓"志同"才能"道合"。在企业愿景表达方面,立意要高,谋虑要远,仅仅表达出企业在经济方面的奋斗目标是不够的,还要有对企业社会价值的认识和未来企业的定位。

2. 企业宗旨设计

企业宗旨又称企业使命或企业责任,它表明企业存在的价值和企业各方面的责任义务。一般来说,企业利益的相关方无外乎国家、民族、股东、上级单位、社会、顾客、供应商、竞争者等几方面,企业的责任表达不能完全局限于"为用户服务""让顾客满意",还要承担起"国家强盛、民族振兴"的重任,这样企业宗旨才会有巨大的感召作用。

3. 企业核心价值观设计

企业核心价值观又称共同信念或信仰,它是大家都认同的人对事、对物的价值判断标准。企业价值观可以是一条,也可以是一个谱系。学习型组织是未来组织的发展方向,企业只有不断创新,才能在市场竞争中立于不败之地。在企业价值观设计中,企业需要表达在未来竞争中的这种素质要求,因此许多企业把"强学力行"作为企业的核心价值观。

4. 企业精神设计

企业精神是企业为实现共同愿景所必须具有的群体精神风貌,这种精神常用"某某精神"或英雄人物来表达。企业精神的设计要体现企业未来的定位,更好地塑造企业未来的公众形象。

5. 企业哲学设计

企业哲学是对企业发展动力的哲学思考,表明企业靠什么安身立命。企业哲学的设计过程,反映的是对企业动力的思考过程。对企业而言,要充分考虑未来企业缺乏什么,要能较好地反映出企业未来发展的要求。

6. 企业经营理念设计

企业经营理念设计是企业对经营活动的基本思考。企业经营理念的设计,实际上是一系列选择的排序问题,比如生产型企业要强调成本意识、安全意识、效率意识、质量意识等方面。经营理念的设计必须从企业战略出发,是生产导向、技术导向,还是市场导向,直接影响着企业的进一步发展。需要注意的是,通过企业家对企业未来的判断,经营理念要突出重点、有所侧重才能有所提高,什么都强调的结果是什么都很难提高。

(三)企业文化三个层次的设计

企业文化是一个有层次的体系,它的内部结构相对固定,但所含内容却千差万别,体现出不同企业的鲜明个性,这也是企业文化的魅力所在。在企业文化的设计中,要有所侧重,有所取舍,确保企业文化的理念层、制度/行为层和符号层三个层次的内在逻辑关系。

1. 理念层的设计

进行企业文化理念层设计,就是按照有关的程序总结提炼或确定理念层次的各个要素并表达出来,使之构成一个完整的理念体系。由于理念层是企业文化的核心和灵魂,是制度/行为层、符号层的统帅,因此,企业文化理念层的设计既是企业目标文化设计的首要任务,又是设计的重点和关键。

理念层包含了丰富的内容,如最高目标、核心价值观、企业哲学、经营理念、管理模式等。

2. 制度/行为层的设计

企业要有先进的企业文化理念层,更重要的是将这些企业文化理念要素在实践中加以贯彻和实施,这就必须依赖企业文化制度层面的保障。系统地设计企业文化的制度层,形成科学合理的企业制度体系,是企业文化设计的一项重要任务。

企业文化制度层的设计也包括很多内容,主要是制度体系、企业风俗和员工行为规范。其中,企业制度体系又由工作制度、责任制度和特殊制度三部分组成。

3. 符号层的设计

在企业文化的三个层次中,符号层是最外在的层次,也叫作表层。人们认识一个企业的企业文化,首先感受和了解到的往往是它的符号层内容。企业文化符号层的内容非常丰富,如企业标志、企业环境、企业旗帜(服装、歌曲)、企业文化传播网络等几个方面。

第二节 企业文化理念层设计

企业文化理念层设计,就是按照有关的程序总结提炼或确定理念层次的各个要素,使之构成一个完整的理念体系。作为企业文化的核心和灵魂,理念层的设计既是企业目标文化设计的首要任务,又是设计的重点和关键。

一、企业目标与愿景设计

目标是组织或个人在一个时期内通过努力而希望获得的成果。企业目标是指在一定时期内,企业生产经营管理活动预期要达到的成效或结果。没有目标的企业是没有希望的企业。

(一)企业目标的设计步骤

1. 企业内外环境和条件分析

企业是环境的产物,内外环境和条件是企业赖以生存和发展的土壤。在设定企业目标之前必须首先弄清楚企业所处的外部社会环境状况,竞争者、合作者等利益相关者的情况,以及企业自身的现状和未来可能达到的状态。只有对内外环境有全面准确的把握,才能实事求是地制定出可能实现的企业目标,做到"知己知彼,百战不殆"。

企业环境和条件分析一般包括下述内容:一是企业所处的经济环境、政治环境、文化环境等整个社会环境的分析;二是产业和行业发展状况分析;三是竞争者、合作者、销售商及其他利益相关者分析;四是企业内部因素分析。

为了使所做分析客观、全面、准确,通常应邀请企业外的专业人员参与,甚至以专门的评估机构(如管理咨询公司、大学以及研究机构)为主开展,以避免企业内部人员和部门在分析评价方面出现"不识庐山真面目"的情况。

企业内外环境和条件分析与评价的结果一般应形成书面报告,提交企业主要经营管理者或最高决策层,作为确立企业目标以及进一步制定企业战略的重要依据。

2. 设定企业的最高目标与愿景

企业最高目标是全体员工的共同追求,是企业共同价值观的集中体现。只有确立了最高目标,才能够确定整个目标体系,确定企业的其他理念层要素。企业的奋斗目标,往往是企业最高决策层根据企业内外环境条件而提出的,是主要领导者和整个决策层的战略决心的集中反映。决策层提出的企业奋斗目标,还必须通过反复宣传才能被全体员工认同,成为企业的最高目标。

3.设计企业的多目标体系

只有最高目标,显然是远远不够的,企业还必须在最高目标下面制定详细具体的目标组合,形成完整的、可以逐步实现的目标系统。在企业最高目标下面,一般分为若干目标组合:

(1)方向组合,企业是社会组织,任何企业的奋斗目标都不是单一的目标,而是在多个目标方向上的目标组成的目标体系;

(2)层次组合,即按层次划分为战略目标、管理目标和作业目标;

(3)结构组合,即按企业组织结构划分为企业目标、部门目标和员工个人目标;

(4)时间组合,即按时间划分为长期目标、中期目标和近期(短期)目标等。

企业的各种目标组合就像通向山峰的一级级台阶,是实现最高目标的保证。

(二)设定企业的最高目标

作为企业目标的极限值,最高目标可谓是企业发展的远大理想,是全体员工的长期追求,是企业长远发展的指南针。成功的企业总是把对国家、社会的贡献作为自身的最高目标。只有树立崇高的目标,才能把企业组织和员工的追求聚合起来,形成合力。

(三)构建企业的多目标模式

在构建企业目标体系时,关键是要对企业的使命有正确的认识。

1.从单一目标模式转向多目标模式

目前,世界上一切先进的现代化企业,毫无例外都摒弃了"经济利益最大化"这种单一目标模式,而是树立起将企业的经济动机与社会责任相结合的多目标模式,企业目标实现了从单一目标向多目标体系的转变。

2.完善企业的目标系统

在构建多目标模式以后,还应在企业最高目标的统率下,结合企业发展战略,设计完成不同层次、不同部门、不同阶段的子目标系统,形成企业目标在层次、结构、时间等方面的有机组合,使企业最高目标一步步实现。

(四)设计企业愿景

1. 企业愿景及其含义

企业愿景是指全体员工所接受和认同的共同愿景。企业愿景与企业目标既有共同点,又有不同之处。

一方面,企业愿景从根本上仍属于企业目标的范畴。正如台湾企业家张忠谋所提出的"阶段性愿景",即企业的阶段性目标。另一方面,企业愿景同企业目标的一般含义相比较,又有所区别。企业目标通常是由企业决策层和管理层所制定的,较少考虑员工个人目标;而企业愿景则建立在员工个人愿景的基础上,是个人愿景与组织愿景的有机结合,更好地体现了"以人为本"的现代管理思想。由于较多地考虑和包含了员工个体目标,加之刻画和描绘更加具体形象,因此企业愿景在贯彻实施和激励员工方面更具优势。

2. 设计和建立企业愿景

企业愿景的设计与建立,是一个密不可分的过程。这一过程通常包括以下要点:

(1)把个人愿景作为共同愿景的基础。

(2)按照自下而上的顺序。

(3)反复酝酿,不断提炼和充实。加拿大创新顾问公司总裁史密斯提出,建立共同愿景需要经历 5 个阶段——告知、推销、测试、咨商和共同创造。他强调,无论企业愿景是谁提出的,都应使之成为一个企业上下反复酝酿、不断提炼的分享过程。

(4)注意说服和沟通。当共同愿景和个人愿景确实出现不协调时,如果经过反复说服、沟通均无效时,企业也可请个别人重新考虑在企业中的前途,或请其"另谋高就"。

当然,企业愿景的设计与建立没有统一的路径和步骤,企业应根据自身的特点和内外环境(例如所在行业、员工状况、企业规模等因素)进行设计。

二、企业管理模式设计

企业文化是管理文化,最能体现企业文化的管理属性的,就是企业的管理模式。管理模式是对企业管理规范的高度概括,是企业管理特色的集中反映。选择什么样的管理模式,是企业理念层设计的重要内容。

(一)企业管理模式的类型

在管理实践中,广大企业形成了千差万别、具有各自不同特点的管理模式。管理学界一直重视对企业管理模式的研究,不同学派或不同学者在对大量企业管理特征进行综合研究的基础上,提出了许多管理模式的分类和概括。

在管理模式的理论研究方面,最有影响的当数布莱克和莫顿的管理方格理论,他们提出了 5 种典型的领导方式即管理模式:

1. 贫乏式管理,即用最少的努力来完成任务和维持人际关系,对员工、对工作都不关心;

2. 俱乐部式管理,即充分注意搞好人际关系,营造和谐的组织气氛,但工作任务得不到关心;

3. 权威式管理,即只关心工作而不关心人,领导者有效地组织与安排生产和工作,将个人因素的干扰降到最低程度,以求得到效率;

4. 团队式管理,即对工作和个人都极为关心,工作任务完成得很好,组织成员关系和谐,士气旺盛,成员的利益与组织目标相互结合,大家齐心协力地完成任务;

5. 中间式管理,即对人和工作都予以适度的关心,保持工作与满足组织成员需要之间的平衡,既有一定的效率,又兼顾士气。

(二)企业管理模式的设计方法

1. 管理模式的影响因素分析

不同的企业,之所以形成或者选择了不同的管理模式,主要在于它们在管理所涉及的许多方面存在着差别。影响企业管理模式的因素主要包括以下内容:

(1)企业价值观。企业价值观是管理模式的灵魂,而管理模式则是企业价值观的外化。其中,工作价值观对管理模式的影响最为突出。当企业价值观(特别是工作价值观)更新时,必然导致企业管理模式的变革。

(2)工作形式和劳动结构。企业的增值活动都是员工劳动的结果,因此工作形式(作业方式、不同工作间的依赖程度以及不同作业方式的比重)和劳动结构(如脑力劳动和体力劳动的比重、创造性劳动的比重等)将直接导致管理模式的不同。

(3)员工的群体结构和差异性。员工群体的知识水平、能力素质、工作经历和经验等方面的整体情况,以及员工个体之间在这些方面的差异度,都会对管理模式有较大的影响。其中,企业主要领导者的素质、能力、经验、作风等的影响尤为明显。

(4)企业的组织形式和一体化程度。组织形式具体涉及组织规模、组织结构类型和层次、组织的内部联系等。

(5)管理职能中控制职能的比重和方式。

(6)分配方式和报酬标准。

(7)冲突的宽容度。

(8)风险承受度。

(9)系统的开放度。

2. 企业管理模式的设计原则

以工作价值观为导向,从企业实际出发,是设计企业管理模式的基本原则。下面列举工作价值观的主要内容和两组极端的类型,企业必须在其中每个方面都做出选择。选择的结果可能是某一种极端类型,也可以介乎两者之间。

3. 企业管理模式的确定

对工作价值观所做的选择结果,就构成了企业管理模式的基本内容。然而要最终确定一个企业的管理模式,企业还应做下述工作:一是与企业文化理念层面的其他要素进行协调;二是建立与之相适应的企业制度体系;三是接受企业管理实践的检验,并在实践中不断完善。

第三节　企业文化制度/行为层设计

企业文化设计和建设,不但要有先进的企业理念,关键是如何将这些企业理念要素在实践中加以贯彻实施——这就必须依赖企业文化制度/行为层的保证作用。系统地设计企业文化的制度/行为层,形成科学合理的企业制度体系和行为规范体系,是企业文化设计的一项重要任务。

一、企业制度体系设计

企业制度体系又由工作制度、责任制度和特殊制度三部分组成。工作制度和责任制度统称为一般制度。

(一)企业工作制度设计

工作制度是指企业对各项工作运行程序的管理规定,是保证企业各项工作正常有序地开展的必要保证。工作制度具体包括法人治理制度、计划制度、劳资人事制度、生产管理制度、服务管理制度、技术工作及技术管理制度、设备管理制度、劳动管理制度、物资供应管理制度、产品销售管理制度、财务管理制度、生活福利工作管理制度、奖励惩罚制度等。

工作制度对于企业的正常运行具有十分重要的作用,企业应该遵循以下设计原则。

1. 现代化原则

工作制度应该与现代企业制度相适应,体现科学管理的特征。对于股份公司,要建立规范的法人治理制度,包括规范的董事会制度、监事会制度和经理层制度。要建立规范的目标管理制度、财务管理制度、人力资源管理制度、技术管理制度、生产管理制度、购销管理制度等。

2. 个性化原则

企业的工作制度还应有鲜明的个性。国有企业应坚持党委会制度、职代会制度。工作制度应该体现出行业特点、地区特点、企业特点,这样的工作制度才具有活力。

3. 合理化原则

企业的工作制度应该切合企业的实际,对企业现在的发展阶段而言,具有可行性、合理性。

4. 一致性原则

企业的工作制度应该相互配套,形成一个完整的制度体系。这些制度还应与企业核心价值观、管理模式、企业哲学相一致。

(二)企业责任制度设计

1. 企业责任制度的特点

目前,各种形式的责任制度逐渐成为我国企业加强内部管理的重要制度,是构成企业制度体系不可缺少的一个方面。是否具备完善合理的责任制度,已经成为衡量企业管理水平高低的一个重要标准。

责任制度的基本特点是:按照责权利相结合的原则,将企业的目标体系以及保证企业目标得以实现的各项任务、措施、指标层层分解,落实到单位和个人,全部纳入"包—保—核"的体系。

2. 企业责任制度的三要素

企业内部的责任制度无论有多少种具体形式,都离不开"包""保""核"三个环节,故这三个环节又被称为责任制度的"三要素"。

(1)包

包就是采取纵向层层包干的办法,把各项经济指标和工作要求依次落实到每个单位、每个部门、每个岗位、每名员工身上。

包的指导思想是化整为零,其实质是把企业大目标分解为看得见、做得到的每名员工个人的责任指标,通过每名员工的努力,在实现责任指标的过程中实现企业目标。

(2)保

保就是纵向和横向实行互相保证,纵向指标分解后从下到上层层保证,横向把内部单位之间、岗位之间的具体协作要求一件件落实到人。

在一些企业中,虽然实行了目标、任务的层层分解,但造成部门和员工只关心自身的责任要求是否做到,而在处理需要协作的事情,特别是涉及多个部门、多个岗位的复杂工作时,往往出现配合失调的现象,造成不应有的损失。因此,"保"在责任制度中起着非常重要的纽带作用。

(3)核

核就是对企业内部每个单位、每个岗位的每项"包""保"责任都要进行严格考核,并与其经济利益和奖惩挂钩。"核"是责任制度的动力机制,保证"包"和"保"落到实处。如果只有"包"和"保",而无"核"的环节,"包"和"保"都会毫无意义,整个责任制度也就变为一纸空文。

3.企业责任制度设计方法

在设计责任制度时,企业应该注意以下几点:

(1)责任分解要科学合理、公正公平。既有利于调动员工的积极性,又能有效地增强企业内部的凝聚力。

(2)鼓励员工民主参与。企业要避免使员工产生被"管、卡、压"的感觉,增强贯彻执行责任制度的主观能动性。

(3)正确处理责、权、利三者之间的关系。在责任制度中,"责"是核心和目的,"权"是确保尽责的条件,"利"是尽责的报偿。在企业执行各种责任制度的过程中,经常出现员工以"利"为中心,甚至以"利"为追求,利大大干,利小小干,无利不干,这种价值观不但与责任制度的目标不符,而且把员工的需要导向低层次。

(三)企业特殊制度设计

特殊制度是企业文化建设发展到一定程度的反映,是企业文化个性特色的体现。与工作制度、责任制度相比,特殊制度更能体现企业文化的理念和要素。不同企业在实践中形成了不同的特殊制度,这里选取了一些有代表性的特殊制度加以介绍。

1.员工民主评议干部制度

员工民主评议干部制度不但在国外的一些先进企业里有,而且是我国许多国有(控股)企业共有的特殊制度。具体做法是定期由员工对干部、下级对上级进行评议,评议结果作为衡量干部业绩、进行奖惩以及今后升降任免的一个重要依据。

民主评议的内容主要包括工作态度、工作能力、工作作风、工作绩效等几方面。根据不同企业和干部岗位分工的实际,评议内容可以提出更加明确具体的项目。民主评议一般采取访谈、座谈、问卷调查等形式,其中无记名的问卷形式较能准确客观地反映员工的真实看法。对于民主评议结果应认真分析,因为有些干部坚持原则、敢讲真话、敢于要求,往往因此得罪人而不能得到很好的评议结果。

干部接触最多的是下级干部和普通员工,民主评议的结果往往能比较全面地反映一名干部的真实能力和表现。员工民主评议干部,是群众路线在企业管理工作中的集中体现。

2.干部"五必访"制度

"五必访"制度在一些企业里也叫作"四必访""六必访",指企业领导和各级管理人员在节假日和员工生日、结婚、生子、生病、退休、死亡时要访问员工家庭。

3.干部与员工对话制度

干部与员工之间通过对话制度,相互加强理解、沟通感情、反映问题、交换意见、增进信任,是企业领导和各级干部与员工之间平等相待的体现,也是直接了解基层情况、改善管理的有效措施。

以上只是介绍了一些常见的特殊制度。企业在自己的核心价值观和经营管理理念的指导下,可以设计出更多、更有效的特殊制度。在设计特殊制度时,企业既要高屋建瓴,又要脚踏实地,这样才能收到实效。

二、员工行为规范设计

(一)员工行为规范的主要内容

无论什么类型的企业,往往都从仪容仪表、岗位纪律、工作程序、待人接物、环境与安全、素质与修养等几个方面来对员工提出共性要求。

1. 仪容仪表

仪容仪表是指对员工个人和群体外在形象方面的要求,其可再具体分为服装、发型、化妆等几方面。实际上,新员工在企业的成长变化是一个从"形似"(符合外在要求)到"神似"(具备内在品质)的过程。企业要把一名新员工培养成为企业群体中的一员,最基础、最易达到的要求就是仪容仪表方面的规范。

2. 岗位纪律

岗位纪律一般包括五个方面,即作息制度、请销假制度、保密制度、工作状态要求和特殊纪律。

(1)作息制度,即上下班的时间规定和要求,是企业最基本的纪律。有的企业作风涣散,往往就是因为没有严格的作息制度,或不能严格执行作息制度。

(2)请销假制度,是根据国家规定,对病假、事假、旷工等进行区分,并就请假、销假做出规定,以及对法定节假日的说明。

(3)保密制度,即员工需要保守技术、工艺、人事、财务等方面的企业秘密,是企业的一项重要纪律,绝大多数企业都有严格规定。在一些高新技术企业,还对知识产权保护做出了具体规定。

(4)工作状态要求,是对员工在岗位工作中的规定,除肯定的提法"工作认真""以良好精神状态投入工作"等之外,一般用"不准""严禁"的否定形式来具体规范,如"严禁用计算机玩游戏""不准打私人电话"等。

(5)特殊纪律,是根据企业特殊情况制定的有关纪律。

3. 工作程序

(1)接受上级命令

做一名合格的员工,首先应从正确接受上级指令开始。员工如果不能正确领会上级的意图,就无法很好地加以执行。

(2)执行上级命令

执行上级命令主要是要求员工迅速、准确、高效地加以执行,发现问题或出现困难时的应对,执行结束后以口头或书面形式向上级复命,这些要求都不是可有可无的。

（3）独立工作

对员工独立承担的工作一般要做出明确的程序性规定,以保证每一名员工的工作都能够成为企业总体工作的有机组成部分。

（4）召集和参加会议

企业内部的会议是沟通信息、协调利益、达成共识的重要形式,是企业管理工作的有机组成部分。对于召集会议,提前通知、明确议题、限定时间是非常重要的;对于参加会议来说,事先准备、按时出席、缺席要请假等都是基本要求。

（5）配合工作

企业许多工作都需要不同岗位的多名员工配合完成,对此也应提出具体要求,以保证在共同工作中各司其职、各显其能,发挥"1+1>2"的作用。

（6）尊重与沟通

尊重是凝聚力的基础,沟通是凝聚力的保证,有许多企业在工作中出现矛盾和冲突,主要就是尊重与沟通方面存在问题。这方面的要求是建立高效有序的工作秩序的基本保证,特别是在一些科技含量较高的企业,更应强调尊重与沟通的必要性。

（7）报告和汇报

书面或口头报告、汇报有关情况,是企业信息沟通、正常运转的重要途径。有些企业也因此把怎样进行报告作为行为规范加以明确。

4. 待人接物

企业对员工待人接物方面提出规范性要求,不仅是塑造企业形象的需要,而且是培养高素质员工的重要途径。待人接物规范涉及的内容比较多,主要包括礼貌用语、基本礼节、电话礼仪、接待客人、登门拜访等方面。

（1）礼貌用语

中国乃礼仪之邦。文明首先是语言文明,语言美是待人接物最起码的要求。在一个优秀的企业里,"您""请""谢谢""对不起""没关系"等应该成为员工的习惯用语,而脏话、粗话应该被禁止使用。

（2）基本礼节

待人接物的基本礼节包括坐、立、行姿态及表情、手势、握手、秩序等。于细微处见精神,员工在这些细节方面是否得体将在很大程度上影响外界对企业的看法。

(3)电话礼仪

当今社会,电话礼仪已经成为员工待人接物的重要方面。企业常常规定"电话铃响后应迅速接听""第一句话要说'你好,这里是某某公司'""电话用语要简洁明了""重要事情要作书面记录""遇到拨错号的电话要耐心解释"等。据有关研究,电话里可以"听"出对方的表情,因此打电话时切忌向对方发火,最好保持微笑。有些企业深知电话礼仪的重要性,甚至在员工行为规范里将其单列为一大类。

(4)接待客人

这里的客人包括客户、关系单位人员、一般来访者,尽管其来意不同、对企业的重要性不同,但在接待上的要求却应该是一致的。热情、礼貌是接待客人的基本要求,一些企业根据实际还做出了其他许多具体规定。

(5)登门拜访

拜访对象可能涉及用户、潜在用户和政府、社区等重要关系者。企业员工登门拜访应该做到两点:一是要提前预约,避免成为不速之客;二是要做充分准备,以保证在有限的时间内达到拜访的目的。

5. 环境与安全

(1)环境方面

企业在环境方面对员工提出明确要求,不仅有利于营造和维护良好的生产生活环境和企业形象,而且有助于推进生态文明建设。环境规范主要有办公室、车间、商店、企业公共场所的清洁卫生以及保护水源、大气、绿化等要求,应根据企业实际而定。

(2)安全方面

安全需要是员工的基本需要,维护生产安全和员工生命安全是企业的重要任务。针对不同企业的情况,安全规范有很大的差别。例如,交通、运输、旅游等行业一般提出安全行车要求;化工企业则对有害化学物品的管理和有关操作程序有严格规定;电力行业则对电工操作、电气安全有相应规范。

6. 素质与修养

提高员工的技术水平、工作能力和全面素质,是企业的重要目标之一。企业除了采取培训、研修、讲座、进修等措施建立必要的培训制度之外,必须激发广大员工内在的学习提高的积极性。因此,许多有远见的企业在员工提高自身素质与修养方面做出了相应规定。

对员工在这方面的要求,参加学习培训的方式比较明确具体,其他规范则相对"虚"一些,应根据企业发展目标和员工实际提出合理要求。

(二)员工行为规范的设计原则

1. 一致性原则

在设计员工行为规范时,企业应该遵守一致性原则,具体包括以下内容:

(1)员工行为规范应与企业理念要素保持高度一致并充分反映企业理念,成为企业理念的有机载体;

(2)员工行为规范要与企业各项规章制度充分保持一致,不得与企业制度相抵触;

(3)员工行为规范的各项表述应和谐一致,不能自相矛盾。

坚持一致性原则,能够使行为规范容易被员工认同和遵守,有利于形成企业文化的合力、塑造和谐统一的企业形象。

2. 针对性原则

针对性原则是指员工行为规范的各项内容及其要求的程度,必须从企业实际特别是员工的行为实际出发,从而对良好的行为习惯产生激励和正强化作用,对不良的行为习惯产生约束作用和进行负强化,使得实施行为规范能够达到企业预期的改造员工行为习惯的目的。"放之四海而皆准"的员工行为规范,即便能对员工的行为产生一定的约束,也必然十分空泛,对于塑造特色鲜明的企业形象几乎没有任何作用。

3. 合理性原则

员工行为规范的每一条款都必须符合国家法律、社会公德,即其存在要合情、合理、合法。一些企业的员工行为规范,个别条款或要求非常牵强,很难想象企业为什么会对员工提出这样不合理的要求,也就更难想象员工们怎么会用这样的条款来约束自己。坚持合理性原则,企业要对规范的内容认真研究审读,尽量避免那些看起来很重要但不合常理的要求。

4. 普遍性原则

员工行为规范的适用对象不但包括普通员工,而且包括企业各级干部,当然也涉及企业最高领导者,其适用范围应具有最大的普遍性。

5. 可操作性原则

行为规范要便于全体员工遵守和对照执行,其规定应力求详细具体。如果不注意坚持可操作性原则,规范中含有不少空洞的、泛泛的提倡或口号,不仅无法遵照执行或者在执行过程中走样,而且也会影响整个规范的严肃性,最终导致整个行为规范成为一纸空文。

第四节　企业文化符号层设计

在企业文化的三个层次中,符号层次是最外在的层次,也是人们认识一个企业时首先感受和了解到的内容。符号层是企业文化的物质载体和物化形态。企业理念通过企业物质形态向外折射,就是企业理念的外化过程;而企业理念外化的结果构成了企业文化的符号层。企业文化符号层内容丰富,下面主要介绍企业标识设计、企业环境设计、企业文化传播网络设计等内容。

一、企业标识设计

企业标识通常指企业名称、企业标志、企业标准字、企业标准色四个基本要素以及各种辅助标识。企业标识是企业文化符号层的核心要素,也是构成企业视觉形象的基础,应该集中体现企业文化理念层面的要求,并充分传达企业理念。

(一)企业名称设计

设计企业名称既是注册新企业时的必要步骤,也是老企业二次创业、塑造崭新企业形象的需要。它不仅是确定用于工商注册的名称,往往还要同时确定汉语简称、英文名称(及缩写)以及互联网域名等。企业名称一般具备以下特点。

1. 个性

企业名称是构成企业的基本元素,是企业重要的无形资产,是一家企业区别于其他企业的根本标志。企业名称一旦注册,便会受到法律保护。有的企业故意将名称或商品名称弄得与某著名企业或某名牌产品相仿,以达到以假乱真、牟取暴利的目的,对其应坚决制止。

2. 名实相符

在确定企业名称时,企业应坚持实事求是、名实相符,较好地传达企业实态。同时,企业名称不但要与企业规模、经营范围等相一致,而且应与企业目标、宗旨等企业文化要素相协调,切不可好大自夸、哗众取宠。

3. 民族性

中国企业置身于民族文化的土壤,设计名称应充分体现民族特点。外国企业在进入中国市场、确定中文译名时,采用有积极含义的词语为企业命名,效果往往胜过音译。而当前我国企业进军海外市场时,企业名称译为外文也要充分考虑所在国的民族性,尊重其文化传统和风俗习惯。

4. 简易性

简短易记是企业名称设计的另一原则。企业中文名称应避免生僻字,英文名称则要便于拼读。

(二)企业标志设计

企业标志(Logo)是企业的文字名称、图案或文字图案相结合的一种平面设计。标志是企业整体形象的浓缩和集中表现,是企业理念的载体。

1. 企业标志设计步骤

在设计企业标志时,企业应该遵循以下步骤:

(1)明确设计目的,提出设计预案。为什么要设计企业标志?新建企业,有的立即系统地实施有关企业形象识别的设计策划,有的只先设计一个企业标志,并通过它向公众传递一个信息——"各位,请接纳我这个新朋友!"而有些情况下,则是要用一个新标志代替现有的标志,就需要对现有标志进行客观估价。任何企业标志都有一定价值,如果轻易放弃,有时反而会使来无形资产流失,影响经营业绩。因此,企业首先应充分论证,明确设计目的。

(2)拟定设计要求,落实设计任务。企业负责人最好有鲜明的设计思想,或提出具体的设计要求,否则设计出的标志很难体现企业形象、浓缩企业理念。要求越明确具体,设计出的标志越容易传达企业信息,但是容易束缚思维,因此设计要求应抓住关键,不必苛求细枝末节。

(3)进行方案评价,确定中选标志。不论谁来设计,都应有多种候选的标志方案,这就需要进行方案评价。有的企业是由决策层直接决定,有的则由管理人员、员工代表、专业技术人员共同组成评审小组集体决定,有时还征求部分用户和其他利益相关者的意见。

(4)企业标志定稿,进行辅助设计。确定企业标志的中选方案后,企业一般还要请专业人员完成定稿设计,提交最终的标志效果图。这时,设计人员需要确定标准色及辅助色,标定尺寸比例,以便在不同场合以不同大小反复使用。

2. 企业标志设计原则

标志设计除遵循企业名称设计时提到的个性、民族性、简易等原则外,还应坚持下列原则。

(1)艺术性原则

企业标志要有艺术性,要有美感,设计人员应注意构图的均衡、轻重、动感,注意点、线、面的相互关系,以及色彩的选择和搭配,并注意细节处理。好的标志要美观耐看,能使人获得美的享受,激发起对美的追求,从而建立起高品位的企业形象。

(2)持久性原则

企业标志一般应具有长期使用价值,不应单纯追逐时髦或流行,而要有那种超越时代的品质,这种“一百年不动摇”的要求实际上也反映了企业超越平凡、追求卓越的信念。

(3)适应性原则

标志代表企业形象,设计人员应该把单纯的平面图案符号与企业理念、行为等有机联系起来。这就决定了企业标志无论是形式还是内涵,都应适合于它经常出现的环境,既协调配合,又相对突出。

3. 商标设计

商标是商品的标志,它不但是商品间彼此区分的记号,而且是企业文化的载体和企业形象展示的窗口,是企业十分重要的无形资产。一个企业通常只有一个企业标志,但可以有多种商标,即可以为每种商品注册一个不同的商标。无论是单一商标还是多种商标,商标设计都应符合下列要求:

(1)要有独创性,不与其他已注册商标雷同。否则,无法获准成为注册商标。

(2)布局合理,突出特色。这主要是从视觉上来考虑的,不管采用文字、图形、记号还是组合商标,都应既具有视觉上的美感,又能反映企业及其产品、服务的独特个性。

(3)不能违反禁用条款。各国都对哪些文字、图案不能用作商标有明确的规定,设计商标时不可违反这些规定。

(三)企业标准字设计

标准字是指将企业名称或品牌名称经过特殊设计后确定下来的规范化的平面(乃至立体)表达形式。标准字与企业标志及商标一样,能够表达丰富的内涵。同样的企业文化理念层和制度/行为层,如果借助不同形式的文字,就可能使人产生有差别甚至完全不同的理解,即形象差异。因此标准字一旦确定,企业不应随意改动,而要在各种场合和传播媒介中广泛使用,以树立持久鲜明的企业形象。

1. 标准字的设计原则

(1)易辨性原则

字写出来是要给人看的,如果标准字设计出来,人们不认识或不容易看清楚,那就是一个失败的设计。

(2)艺术性原则

对视觉要素设计来说,艺术性都是很重要的,标准字也不例外。只有比例适当、结构合理、线条美观的文字,才能让人看起来比较舒服。

(3)协调性原则

标准字的字体要与企业的产品、包装等相适应,与企业产品或服务本身的特点相一致,也要与经常伴随出现的企业标志、商标等相协调。

(4)传达性原则

企业标准字是承载企业理念的载体,要能在一定程度上传达企业理念。不能把设计工作作为一项孤立的内容,单纯地去追求某种形式上的东西。

2. 标准字的设计步骤

(1)调查研究

调查的目的是避免与其他企业的标准字雷同,以确定标准字的基本特点。这一步常常是在进行整个有关企业形象识别的设计策划的前期调查中进行的,而无须单独开展,以节省调研费用。标准字调查主要针对国际国内知名企业和同行业的其他企业。

(2)提出或征集不同的设计方案

标准字设计几乎都是与企业标志、商标、标准色设计一起进行的,这样可以保证设计的总体效果。如果委托专门机构设计,则最多只有三五种方案;如果面向全体员工或社会公开征集,有时会收到成百上千种方案。

（3）方案评估

方案评估是最关键的步骤。评估有时还有企业自身的一些特殊要求。当设计方案数量较多时，需要经过初评、复评、终评等好几个回合。经过终评的 2~5 种方案再提交企业最高层拍板，选定一个中选方案。有时对中选方案还需要做个别细部修改，以便更加完善。

（四）企业标准色设计

企业标准色是指经过设计后被选定的代表企业形象的特定色彩。标准色一般是一种或多种颜色的组合，常常与企业标志、标准字等配合使用，被广泛应用于企业广告、包装、建筑、服饰及其他公共关系用品中。

1. 色彩的基本特点

（1）色彩三要素

色相就是色彩的相貌。它是一种色彩区别于另一种色彩的名称，既有红、黄、蓝等原色，又有橙、绿、紫等混合色。

明度指色彩的明暗程度。明暗是色彩的性质之一，表示色彩所受光度的强弱，光度强的明度高，光度弱的明度低。无彩色中，白色明度最高，黑色最低，中间是各种灰色；彩色中，以绿色为例，明绿、中绿、暗绿的明度由高到低。

彩度是指色彩的纯度，或浓度、饱和度。三棱镜分解阳光得到的光谱中呈现的红、橙、黄、绿、蓝、靛、紫等各种色相就是彩度最高的纯色（或称饱和色）。纯色加白色，变为较淡的清色；纯色加黑色，变为较暗的暗色；纯色加灰色，就成为浊色。与纯色相比，清色、暗色、浊色的彩度都要低。

（2）色彩的感觉

每种色彩都有自己的视觉感受，这是其自然特性所决定的。色彩具有冷暖、胀缩、轻重、进退、兴奋与沉静等不同感觉。

（3）色彩的心理效应

由于色彩的不同感觉，它不但会使人产生各种不同的情感，而且可能影响人从精神、情绪到行为的变化。

（4）色彩的民族特性

不同的国家和地区，由于受各自不同历史文化传统的影响，对色彩的象征意义有不同的理解，因而喜好、禁忌也各不一样。了解色彩的这种民族特性，选择有利于本企业的色彩，对于树立良好的企业形象、参与国际竞争有很大好处。

2.标准色的设计原则

（1）充分反映企业理念

符号层各要素都必须围绕企业理念这个核心,充分反映企业理念的内涵,标准色也不例外。由于色彩引起的视觉效果最为敏感,因此标准色对于传达企业理念、展示企业形象具有更加突出的作用。

（2）具有显著的个性特点

色彩无论如何万化,人眼可视范围无非赤、橙、黄、绿、青、蓝、紫和黑、白这么几种,因而企业标准色的重复率或相似率是极高的。为此,设计者必须考虑如何体现企业的个性,既反映企业理念内涵、产品和服务特色,又避免与同行业重复或混淆。

（3）符合社会公众心理

色彩的选择应该符合社会公众心理,这主要是考虑色彩的感觉、心理效应、民族特性以及公众的习惯偏好等因素。企业应该注意两点:一是要避免采用禁忌色,使公众普遍接受;二是尽量选择公众比较喜爱的色彩。

（五）企业辅助标识设计

企业标识除企业的名称、标志、标准字、标准色等基本要素外,有些企业还会采用辅助图案、辅助字、辅助色等辅助标识。

1.辅助标识的功能和用途

企业辅助标识的主要功能是配合基本要素,以突出和丰富企业的视觉形象,一般用在休闲服饰、产品外包装、公共关系纪念品、宣传画(或海报)上面。一方面,与基本要素配合使用,使企业标识基本要素在辅助标识的衬托下更加突出。另一方面,辅助标识在某些场合单独使用,作为企业识别要素含蓄地传播企业形象。企业标志、标准字、标准色等一般用于正式场合,而在一些非正式的场合可以单独使用辅助标识,既能够宣传企业文化、塑造企业形象,又与环境相协调。

2.辅助标识的设计要求

（1）辅助图案

在遵循企业标志和商标设计的艺术性原则、适应性原则的同时,辅助图案设计还应注意与企业标志、商标图案和标准字等的搭配,并力求简洁,不致喧宾夺主。

（2）辅助字

辅助字既可单独使用,又可与辅助图案一起使用。在设计辅助字时,一般可选择一些轻快的美术字体,笔画要稍细一点。如标准字采用粗黑体或综艺体,则辅助字可选用带圆角的中圆、细圆或中黑斜体。

(3)辅助色

一般在标准色的对比色系中选取一种颜色,也有个别情况采用同色系的色彩。辅助色在彩度、明度、饱和度等方面要低于标准色,这样才能既衬托出标准色,又不致产生太大的反差。

二、企业环境设计

良好的企业物质环境,不但能够给员工以美的享受,使他们心情舒畅地投入工作,而且能充分反映企业的文化品位。

(一)企业自然环境与建筑布局设计

企业的自然环境与建筑布局总是紧密地联系在一起的。人不能违背自然规律,却可以选择、利用自然环境,通过认识自然规律来改造和优化自然环境。

1.设计目标

在企业内部,必须要有一个与人类生理和心理需要相一致的环境,实现人与自然的和谐相处。创造这样的和谐环境,是企业自然环境和建筑布局设计的根本目标。设计目标可进一步分解为以下五个子目标。

(1)安全目标

安全目标是最低层次的子目标,指企业选址、规划和建筑总体布局及构造要符合安全要求。安全要求既涉及员工个人的生命财产安全,又包括企业财物的安全。

(2)经济目标

我国是人口大国,必须合理利用土地等资源。此外,作为社会经济组织之一,企业需要考虑成本、效益等经济目标。

(3)美化目标

对美的追求是人内在的心理需求。优美的企业环境不但能让员工心情舒畅、精神饱满地投入工作,提高劳动效率,而且还能给用户、经销商、供应商等公共关系对象留下美好印象,塑造良好的企业形象。

(4)生态目标

生态目标又称可持续发展目标,是企业自然环境与建筑布局设计时要求层次很高,也很不容易实现的子目标。生态目标不是简单的种花养草的绿化目标,而是包含能源综合利用、三废治理、防治噪声污染、光污染等方面的要求,是推进生态文明建设的需要。

（5）文化目标

文化目标是指企业物质环境要突出文化氛围,充分反映企业价值观的要求。这一目标体现了企业文化符号层与理念层的结合,应引起高度重视。

2.设计原则

（1）功能分区原则

功能分区原则就是把企业用地按功能划分为若干不同区域,将功能相近的建筑集中在同一区域。如厂区与生活区,厂区中的办公区、工业区,办公区内的办公室、会议室,等等。在规划厂区与生活区时,我们要科学布局,化工、炼油、冶金等企业一定要把生活区放在上风口,以减少厂区烟尘对生活区的污染。

（2）经济高效原则

设计建筑布局时要尽量考虑工作环节的科学性和系统性,以提高生产效率、减少不必要的中间费用。例如,上下道工序的两个车间应尽量靠近,这样可以有效降低中间产品在两个车间之间的搬运费用。

（3）整体协调原则

整体协调原则,一方面是不同建筑之间、建筑与企业自然环境之间的协调;另一方面也要考虑企业整个建筑与外部环境之间的协调。

（4）风格传播原则

建筑布局应力求体现企业的自身特点和风格,避免照搬照抄其他企业或与其他企业雷同。这种特点和风格,反映了独具特色的企业文化。

（二）办公室环境设计

1.办公室设计要求

（1）符合行业特点

办公室环境设计应该符合行业的特点。例如,五星级宾馆和校办科技企业由于分属不同行业,因而办公室在装修、家具、用品、装饰品、声光效果等方面都应有显著不同。

（2）满足使用要求

办公室环境设计应该满足使用要求。例如,董事长、总经理办公室在楼排布置、使用面积、室内装修、配套设备等方面都与一般职员的办公室不同,并非因为二者身份不同,而是因为办公室具有不同的使用要求。

(3)契合工作性质

办公室环境设计应该契合工作性质。例如,技术部门的办公室需要配备电脑、绘图仪器、书柜等技术工作的必需物品,而公共关系部门显然更需要电话、传真机、沙发、茶几等与对外联系和接待工作相应的设备和家具。

2. 办公室布置

在任何企业里,办公室布置往往都因人员的岗位职责、工作性质、使用要求等不同而有所区别。

董事长、总经理、党委书记等企业主要领导人是否有一个良好的日常办公环境,对企业决策效果、管理水平都有很大影响,也在保守企业秘密、传播企业形象等方面有着特殊需要。因此,他们的办公室布置有如下特点:

(1)相对封闭,一般是单独的办公室,比较安静、安全,少受打扰;

(2)相对宽敞,办公室布置要追求高雅而非豪华,切勿给人留下俗气的印象;

(3)方便工作,一般就近安排接待室、会议室、秘书办公室等用房;

(4)特色鲜明,办公室要反映企业形象,具有企业特色。

对一般行政人员,许多企业常采用大办公室、集中办公的方式,目的是增进沟通、节省空间、便于监督、提高效率。为避免相互干扰,办公室应该按照以下原则布置:一是可以按部门或小部门分区;二是可以采用低隔断,给每名员工提供相对封闭和独立的工作空间;三是可设专门的接待区和休息区。对于以创造性劳动为主的研发人员和对外联系较多的公关人员,则不宜采用大办公室。

三、企业文化传播网络设计

企业文化传播网络与符号层的其他载体相比,具有更突出的传播功能。传播网络主要有两种形式:一种是正式网络,如企业创办的报刊、闭路电视、有线广播、宣传栏、网站等;另一种是非正式网络,如企业内部非正式团体的交流、小道消息。全面的企业文化传播网络设计,包括对前者的建立和维护,以及对后者的调控和引导。下面我们简要介绍企业文化正式传播网络的设计要求和方法。

(一)企业报刊设计

企业报刊又称厂报、厂刊,是企业自行创办的内部报纸或刊物。企业报刊一般不是公开出版物,发行范围主要限于企业内部,也有少数发送给公共关系者(如顾客、合作者、政府、新闻界),因此也称内刊。

(二)企业网站设计

随着互联网的广泛应用,许多企业建立了自己的网站,使企业文化传播网络家族增添了一名新成员。

1. 企业网站的作用

企业网站可以只供内部使用,也可面向企业外部的所有网络用户。

企业网站不但可以分别实现企业报刊、广播、电视、宣传栏、广告牌等传统传播网络的全部功能,而且可以克服它们的缺陷、综合其优点。

网站具有信息传播快、不受时空限制、信息容量大、交互式、节省纸张等优点,因而越来越多的中国企业开始重视这一新的企业文化传播形式,以代替部分或全部的传统传播形式。企业网站的开通,无疑促使企业文化的传播方式发生了质的变化。

2. 企业网站的设计方法

设计企业网站,首先是内容层面的设计,其次才是技术层面的设计。技术层面的设计和制作通常委托专门的网络工程师(或者专业公司)来完成。相比之下,网站内容的设计和维护则更为关键。下面重点介绍网站内容的设计。

(1)界定网站的主要功能

网站主要针对外部网络用户,企业内部用户,还是两者兼顾?以企业宣传和形象展示为主要目的,还是以介绍产品和服务为主要目的,抑或是以员工交流沟通为主要目的?这些问题都是在网站内容设计之前应首先确定的。只有首先确定了网站的主要功能和对象,才能确定其主要内容。

(2)设计网站的系统结构

企业网站通常都不是仅仅只有一个计算机显示页面,而是有很多内容的。要便于用户浏览,就要使内容在网站上显示得有条不紊,这就要求确定系统结构。设计网站的系统结构,就像画树状图一样绘制网络结构图,并把不同内容定位在相应层级,并确定它们之间的逻辑联系,使网络工程师可以清楚无误地进行制作。

(3)确定网站的具体内容

在前述工作基础上,我们需要进一步详细确定各项具体内容。通常各部分内容由相关部门先提交草稿,再由企业领导层及其授权的部门和人员逐一审查定稿。健康合法是对网站内容的基本要求。同时,各部分内容还应图文并茂,切忌全是密密麻麻的文字。

(4)提出网站的制作要求

网站的制作要求是网络工程师进行技术设计和制作的重要依据,也是网站内容设计的最后一道工序。例如安全、显示、链接、兼容、维护、动画等要求,如不事先加以明确,待到网站制作完成以后,再进行修改就会既费时又费工。

3. 企业微博、微信的开设与应用

微博是微型博客的简称,是一种通过关注机制分享简短实时信息的广播式社交网络平台。企业微博是指企业在微博中开设的"官方"账号。由于具有信息发布及时、互动性强等特点,企业微博不仅拓展了网络营销的新渠道,而且成为传播企业文化的新途径。在快速发展的信息化进程中,开通和维护企业微博成为重要趋势。开设企业微博,可以利用现有的网络平台,并指定相关部门和专人进行维护,严格依法依规进行管理,保证企业信息和文化理念及时更新、有效传播。

随着微信支付、微信商场的开发,用户只要通过微信平台,就可以享受到商品查询、选购、体验、互动、订购与支付的线上线下一体化服务。由于快速发展,微信引起了一些企业的关注,成为继微博之后信息化条件下企业文化传播的新的重要载体。

(三)企业员工手册设计

员工手册是由企业印制的、员工人手必备的日常工作资料。

1. 员工手册的主要内容

(1)企业概况,关于本企业的发展历程、基本现状、组织机构、业务领域等的简要介绍;

(2)企业文化,主要是介绍和阐述企业理念以及企业文化的主要特点;

(3)员工行为规范,即企业对员工在仪容仪表、岗位纪律、工作程序、待人接物、环境与安全、素质与修养等方面的要求;

(4)与员工有关的其他各项政策、制度和规定。例如薪酬、劳保、福利、培训、职业发展等方面的规定,都是手册中不可缺少的内容。

2. 员工手册的设计要求

(1)反映企业文化

一名员工是否真正融入了企业,关键是其是否融入了该企业的文化。因此,企业必须把企业文化作为员工手册最重要的内容之一,让每名员工从中了解和理解企业文化,并最终自觉用企业文化指导自己的行为。从这个意义上讲,员工手册就是一本企业文化手册。

(2)内容充实详细

员工手册可以说是广大员工在企业工作生活的指南,因此凡涉及全体员工的有关情况、规定和要求,都应尽可能收录其中。有的企业员工手册多达数百页。员工与企业的关系是双向的,充实详细的员工手册也是对员工知情权的尊重。

(3)方便携带查阅

员工手册方便携带查阅,一是指内容方面,要求编排结构清晰、叙述清楚简明、文字准确易懂;二是指形式方面,要求版式设计合理、装帧美观大方、印刷字迹清楚、内容与形式相统一。有的企业用小开本(如32开)来制作员工手册,像口袋书,以方便员工随身携带。

(4)及时补充更新

任何企业的员工手册的编印工作都不可能一劳永逸。随着企业的发展,及时将新要求、新内容增加进去,将陈旧内容进行删除或更新,是十分必要的。

第三章
价值观与企业文化建设

第一节 价值观及其作用

一、价值观的概念和内涵

国外有关价值观的研究可以追溯到 20 世纪 30 年代,美国心理学家高尔顿·奥尔伯特和英国心理学家菲利普·弗农采用德国哲学家爱德华·斯普兰格对人的六种分类法,制定了一份"价值观研究量表",对价值观做了开创性研究。20 世纪 50 年代,美国的克莱德·克拉克洪等从操作层面试图对价值观的各种定义进行整合,提出了具有权威性的价值观概念。他认为,所谓价值观,就是一种外显或内隐的关于什么是"值得的"的看法,它是个人或群体的特征,影响人们的行为方式和选择结果。他提出的价值观定义在西方心理学界长期占有支配地位。在 70 年代,米尔顿·罗克奇又将价值观分为终极价值观和工具性价值观,开始从内容和维度两个方面对价值观进行分析和测量。他将价值观看作一般的信念,具有动机功能,是规范性和禁止性的,具有指导行为和态度的功能,是个人的,也是社会的现象。80 年代,法国学者赫尔曼·阿曼都斯·施瓦茨从需要和动机出发解释价值观的深层内涵,试图构建一个具有普遍文化适应性的价值心理结构,并根据学术界的定义,进一步概括出了价值观的五大特征:价值观是信仰的观念;关于值得的终极状态或行为;超越具体情境;引导选择或对行为及事物的评价;按照相对重要性排列。在此基础上,作者还提出了一个被人们广泛引用的定义,即价值观是合乎需要的、超越情境的目标,在一个人的生活或其他社会存在中起着指导作用。

中国学者也对价值观的概念和内涵进行了较深入的研究。袁贵仁从哲学层面,将价值观看作由一系列价值范畴和价值判断所组成的完整的观念体系,具有浓厚的意识形态色彩。陈章龙、罗国杰等基于伦理学角度,认为价值观是人们对价值问题的根本看法,是人们在处理价值关系时所持有的立场、观点和态度的总和,是对于什么是最重要、最贵重、最值得人们追求的一种观点和评价标准。也有学者将思想政治教育融入对价值观的认识,认为价值观就是指人们在处理普遍性价值问题上所持的立场、观点和态度的总和。而人们在价值追求上怀有怎样的信念、信仰、理想,便构成了价值观所特有的内容。价值观因其反映人们深层次的心理特性而具有能够解释个体行为差异和文化因素的影响,从而得到心理学和社会学的高度关注。

实际上,到 20 世纪 50 年代前后,国外心理学界在价值观的基本定义上已经达成了共识。在区分了"值得的"(the desirable)和"想要的"(the desired)这两个概念之后,将价值观定位在与"以人为中心的"和"值得的"有关的东西上。正如美国心理学家 M.罗卡奇所言,价值观是"一种持久的信念,一种具体的行为方式或存在的终极状态,对个人或社会而言,比与之相反的行为方式或存在的终极状态更可取"。这种解释得到我国心理学界的广泛认同。联合国教科文国际教育和价值观教育亚太地区网络组织编写的《学会做事——在全球化中共同学习与工作的价值观》一书,将价值观界定为"代表人生的理想和目标,是我们追求的动机和目的。价值观是全部教育的灵魂和核心目标,是应当追求的理想和目的,是做人的原则和规范"。这可以看作教育界对价值观的权威解释。

综上所述,从中外学者基于多学科的价值观讨论来看,尽管由于学科差异而对价值观的解释不完全相同,但有几点是比较一致的。价值观是人们特有的一种非常重要的观念体系和动力系统;价值观指向人们所追求的理想和目标;价值观是人们对各种社会存在和社会关系进行价值判断的依据和规范体系;价值观包含了人的行为目的与思想手段;价值观既有理性智慧之思,又有情感态度之维,成为人的生命成长与发展的动力和源泉。正是由于价值观的复杂性,故有学者指出:价值观是一个冲突与融合的内容体系,它是供人们进行判断的观念体系,包括是非、好坏、荣辱、美丑、善恶、得失、利弊、成败、福祸、贵贱、轻重、值得与否等丰富的内容。这些内容往往以相互冲突和相互对立的矛盾范畴或判断共同存在着。价值观绝不可能是中性的,人们必须在对立与冲突的价值判断中决定其取舍。每一对价值范畴或价值判断就是一面镜子,显现着人们灵魂的尊卑贵贱,反映出行为的善恶美丑,衡量着个人与他人、个人与集体、个人与社会的利弊得失。价值观包含了做人的基本底线,也蕴含着崇高的理想与信念,使人们看到自己所坚守的不同价值观念,在崇高与无耻之间画上了间隔线。

二、价值观的作用

积极健康的价值观对人类经济社会的发展具有十分重要的作用。首先,价值观有利于形成人们对发展模式的自主选择。德国哲学家威廉·文德尔班认为,人们面对的世界,一个是"事实"的世界,一个是"价值"的世界。"事实"的世界是自然科学研究的对象,属于"理论"判断,需要解决"真假""是非"等问题。"价值"的世界表示主观评价和被评价的对象之间的关系,表达的是主体采取的态度。这种态度完全取决于主体的情感和意志,取决于主体对它们所持有的"赞成或不赞成"的态度。也就是说,价值观对人们自主选择发展模式具有十分重要的作用。由此,英国哲学家伯特兰·罗素进一步指出:在价值哲学中,"自然只是我们所能想象的事物的一部分,任何事物,不管是实存的,还是想象的,都能由我们评价,没有什么外界的标准可以否定我们的评价"。在这里,价值主体不仅成了自己的主人,而且也成了自己面对的一切对象的评判者和选择者,人们完全可以根据自己的爱好和情感对其对象进行评价和选择,并形成作为。作为个体价值观的作用方式,表现为直线过程,即欣赏、羡慕—追求、行为方式(制度)选择—持久的情感寄托三个环节。作为社会价值的作用方式,则表现为立体式的三环节或三个方面:一是在特定范围内,通过实现价值认同,形成社会凝聚力;二是通过渗透目标—行为方式(制度)链条,形成社会向心力;三是通过价值升华,形成信仰体系,对社会产生巨大而持久的感召力。在大多数情况下,人们往往会将关注的重点放在实现价值的"行为方式"或制度上,而不是价值起点或目标本身,导致出现将制度本身看成价值的起点和目标,原本是起点和目标的价值取向反而被淡化或遗忘等本末倒置的错乱现象。

其次,价值观是经济社会发展的基本动力。英国著名人类学家布罗尼斯拉夫·马林诺夫斯基认为:"价值是人类存在的基本动力。它表现在一切人类行动中并贯穿于整个社会文化。"价值对经济社会发展起着举足轻重的作用。价值取向和价值目标对制度的选择具有直接的影响,选择一种什么样的制度决定着经济社会发展目标的实现水平。为此,美国社会学家塔尔科特·帕森斯进一步指出："当制度化的价值系统内化为人的个性时，就足以能'驱动'经济发展，完成无数的工业化劳动，并且使制度调整以及与这一过程有关的政治结构'合法化'。"可见，价值观是人类对发展道路和模式的自我选择。这种选择直接影响发展的方式和进程，正确合理的价值观是经济社会发展的决定性因素，而树立正确合理的价值观，把握价值理性化发展的基本趋势是至关重要的。

最后，价值观对人格的发展与完善具有重要的调节作用。人们可以根据自己的价值观，积极吸收和学习外界的各种有益的影响和采取高尚的行为，不断培育良好的人格；也可以抵制和克服外界各种不良影响，保证人格发展的正确方向；还可以自觉规范自己的思想和行为，陶冶自己的情操，塑造其高尚品德，自觉、主动、积极地培养和塑造健康人格。

第二节　企业价值观及其作用机制

一、企业价值观的概念和内涵

(一)企业价值观的概念

关于企业价值观的概念和内涵，中外学者有不同层面的理解。

美国学者托马斯·J.彼得斯等认为，企业价值观就是"尊重个人""信任生产人员"，向世界各地提供全天候、全方位的服务。特雷斯·迪尔、阿伦·肯尼迪认为，价值观是任何一种企业文化的基石，为所有员工提供一种走向共同方向的意识。詹姆斯·柯林斯等通过对18家高瞻远瞩企业的对比研究发现，核心价值观是企业的精神和持久的原则，是一套不需要外部调整的永恒原则。通用电气(GE)前首席执行官杰克·韦尔奇提出，企业价值观是帮助企业达成使命、争取最终盈利目标的重要手段，必须是具体的、本质的、可以明确表述的。

罗长海认为，企业价值观是企业全体(或大多数)职工一致赞同的与企业紧密关联的关于"对象对于主体来说是否有价值的看法"。其内涵是企业全体或者多数员工赞同的关于"企业的价值在于什么，以及哪些对象对于企业来说是有价值的"。刘光明将企业价值观称作："企业在追求经营成功过程中所推崇的基本信念和奉行的目标。"叶陈刚认为，企业价值观乃是一个企业的员工在长期生产经营实践中形成的对本企业生产经营行为、职工的工作行为及企业的公众形象等总的看法，是一个长期形成的较全面的价值观念体系，表现为一种较稳定的心理定势和文化积淀。王晓春在对国内外学者关于企业价值观分析梳理的基础上，提出将企业价值观界定为："组织成员所普遍具有并践行的组织行为规范和信念系统，是一种以组织为主体的价值观念体系，是组织人格化的产物。"王亚萍等人还以海底捞为研究对象，通过实地访谈、观察等方式，将企业价值观的内涵概括为企业看待和处理与顾客、员工、股东、供应商、竞争对手、政府、社区、科研机构、行业协会等利益相关者利益关系的准则。

综上所述，我们可以将企业的价值观概括为是对企业持续发展具有深远影响的价值体系和伦理的总称，是企业文化的核心和灵魂，是一个既涵盖企业精神、企业哲学、企业伦理等文化要素，又能够对这些文化要素发展产生深刻影响的综合体系。企业的价值观渗透于企业生产经营的各个环节和领域，从经营理念、发展战略、制度设计、管理方式到企业员工的行为准则，无不贯彻和体现着企业的价值观和价值取向。企业价值观以其导向、规范、激励、调节和凝聚等多种功能影响着企业的兴衰和荣辱，是企业文化建设中最重要的要素。当然，企业价值观也具有一定的时代特征，随着时代的变化和企业的发展而发生相应的变化和发展。

(二)企业价值观的内涵

企业价值观又可以分为核心价值观和外围价值观。所谓企业核心价值观，就是指企业为追求共同愿景、实现企业使命而提炼出来并付诸实践，指导企业形成共同行为模式的核心精神元素。它主要用以判定企业运行中大是大非的根本原则，是企业提倡什么、反对什么、赞赏什么、批判什么的真实写照，是企业在经营过程中坚持不懈，努力使全体员工都必须信仰的信条。核心价值观是企业哲学的重要组成部分，是解决企业在发展中如何处理内外矛盾的一系列准则，如企业对市场、对客户、对员工等的看法或态度，是企业表明其如何生存的主张。核心价值观引导外围价值观，外围价值观维护核心价值观。企业价值观建设的关键在于确立适应企业发展要求的核心价值观，并在企业发展过程中尽可能地保持核心价值观的相对稳定性。一些优秀企业对其核心价值观的坚持，正是它们取得成功的重要经验。要保持企业价值观的那些最具体、最直接的表现形式需要有一定的适应性和灵活性，并通过这些外围价值观形式的灵活性保证其核心价值观的稳定性,而这种"灵活性"则来源于外围价值观对企业核心价值观的表现。外围价值观对企业核心价值观也会产生影响,其影响形式突出表现在企业价值观发展过程中的关键时期,即企业发展过程中核心价值观面临前所未有的严峻挑战时,企业的外围价值观形式就必须通过自身的改变尽可能地维护核心价值观的稳定。当然,对于一个企业而言,其外围价值观对环境变化的适应能力是衡量这个企业是否具有先进价值观的重要尺度。一个持久卓越的公司,在恪守其核心价值观的同时,也会不断转换商业策略和运营方式,以适应变幻莫测的市场,这就是恪守核心和促进发展的奇妙结合。而正是这种"奇妙结合"的实现,才是一个优秀企业价值观建设所追求的理想目标。

二、企业价值观的作用机制

(一)通过文化软约束提供目标导向

企业价值观作为企业管理者及其员工在企业经营管理过程中所奉行的基本理念和准则,必然成为企业经营管理决策的最高准则,对其任何决策和经营活动都会产生强有力的意识形态规约或文化软约束。这种意识形态规约或文化软约束在潜移默化中渗透到企业经营管理活动的整个过程中。在战略层面,对企业发展方向和目标产生影响。

捷盟咨询公司的副总裁付立红曾经指出:价值观对企业战略的影响,实际上就是基于价值观的战略管理,要保持企业价值观不变,同时又使目标、战略和行动适应变化的环境。这样,企业就会持续创造客户价值,持续实现企业价值,实现基业长青之梦。在企业经营层面,价值观可以对各种经营方案的设计和选择发挥作用,尤其是在对各种经营方案进行选择的时候,其价值取向、价值评判必然会对企业经营决策发挥导向功能,并使选择的方案符合企业价值观的要求。所以,北京大学教授张国有说:"价值观本身就是企业的战略基础,价值观问题解决得越好,指导思想越明确,理念越能深入人心,对未来发展的作用越大。"

(二)通过理念灌输提供精神支撑

企业价值观是企业缔造者和管理团队刻意追求并长期积淀的结晶,是企业全体或大多数员工认同的关于企业存在意义的终极判断。由此,企业价值观一经确立,并得到全体或大部分成员的共识,就会成为一种共同尊奉的信念,对企业产生持久的精神支撑力。国外一些优秀企业认为,一个企业能够长久生存,最重要的并非是企业的结构形式或管理技能,而是被人称之为企业价值观的那种精神支柱。

(三)通过价值诱导促进潜能释放

现代心理学研究表明,凡是对自己的认识和评价与本人的实际情况越接近,自我防御行为就越少,社会适应能力就越强。一般而言,个体的自我概念与本人的实际相符合,就能够在自己能动的实践中扬长避短或扬长补短,就容易取得成功,从而喜欢自己,肯定自己的价值,产生适度的自我价值感,形成积极的自我。价值关系与人的生理和心理需要密切相关。企业的价值观通过文化手段和一种相容性的心理暗示,激发企业员工的积极性和主动性,使每个人的潜力得到最大能量的释放。一种理性健康的企业价值观,能够使每个员工的生理和心理得到满足,能够最大限度地释放每个员工的潜在能力。

(四)通过信念改善加强关系协调

如何创造一个和谐、团结的人际关系环境,充分调动人的积极性和创造性,是任何一个企业管理者都无法回避的现实问题。企业价值观是企业全体或大多数员工共同认可和遵行的理念体系和行为准则,对所有企业员工都具有潜移默化的影响和约束作用。企业价值观也对企业中的所有人提出了相应的责任和义务,在共同的信念面前,企业的所有人都必须要在企业价值观的约束下履行自己的责任和义务,不存在此亲彼疏,有的都是责任和义务。因此,这种价值观有利于形成共同信念,形成平等、和谐的人际关系,消除由于心理不平衡而造成的离心现象。企业价值观是精神文化的哲学基础,是企业管理的重要指向,它使企业内部的各种力量汇聚到一个共同信念之下,从而激发企业员工的积极性和主动性。

(五)通过内生动力实现企业竞争力提升

企业竞争力是企业资源和能力的综合反映,是企业所特有的、不容易被竞争对手模仿的独特能力。它除了产品、制度两个层面外,还有一个重要的层面就是包括企业价值观在内的核心层。其中,第一层面是表层的竞争力,第二层面是支持平台的竞争力,只有第三层面才是最核心的竞争力。麦当劳的成功,并不在于它的食品本身有什么独特之处,而在于它已完全融入全民性的价值观念,使其企业文化为大众所接受、喜爱。

企业价值观虽然和企业可持续发展绩效正相关,但社会观念维度作用不明显。而代表着企业操守信念的道德观念维度和代表着企业价值行为的经营观念维度与企业可持续发展绩效显著正相关,尤其是企业价值观对企业经济绩效的影响最为显著。所以,迈克尔·波特在《竞争战略》一书中指出:企业的战略是否成功主要通过利润大小来判断,但企业最终的竞争力取决于它在一系列价值中如何进行选择。共有价值观才是企业竞争力的动力之源。中国学者付立红也认为,坚定的企业价值观能确保企业价值的持续存在。因此,企业价值观是企业核心竞争力的动力源泉,是企业价值产生的内在必然性。

第三节　企业价值观体系的构建路径

一、企业价值观体系构建的基本原则

有人认为,企业价值观培育应遵循一般原则和具体原则。一般原则包括崇高性原则、个性化原则、时代性原则和可行性原则。具体原则包括人的价值高于物的价值、共同价值高于个人价值、社会价值高于利润价值、用户价值高于技术价值、保证质量价值高于推出新产品的价值。还有人提出,企业价值观应遵循几个统一,即企业经济利益与企业社会责任的统一、效率优先原则与公平合理原则的统一、确立理想目标与注重现实发展的统一、立足本土发展与面向全球市场的统一、企业价值观共性与企业个性的统一。综合学术界的几种说法,我们认为,建设企业价值观应遵循以下几个原则。

(一)以人为本原则

按照有些学者的说法,以人为本指的是人们处理和解决一个问题时的态度、方式、方法,即人们抱着以人为根本的态度、方式、方法来处理问题。而所谓根本就是最后的根据点或最高的出发点与最后的落脚点,以人的根本利益为最后依归。以人为本原则,要求企业处理好以下四层关系:

1.在人与自然的关系上,要不断提高人民的生活质量,增强可持续发展能力,以保持人类赖以生存的生态环境具有良性的循环能力;

2.在人与社会的关系上,即使社会发展成果惠及全体人民并不断促进人的全面发展，又积极为劳动者提供充分发挥其聪明才智的社会环境；

3.在人和人的关系上，强调公平、公正，不断实现人与人之间的和谐发展，尊重人们的基本需求，维护其合法权益和独立人格；

4.在人和组织的关系上，既要注重为人的发展提供平等的权利和机会，又要努力做到使每个人各得其所、各展其才，努力减少组织对人的过度控制，注重人的能力的充分发展和运用，并把人的能力作为基本价值。

综上所述，在企业经营管理中，只有努力挖掘每个员工的潜能，让每个员工心悦诚服地施展其才能，贡献其力量，使其劳动得到应有的尊重，企业才能健康持续发展。

（二）义利兼顾原则

早在春秋战国时期，第一次较大规模的"义利"之辩就在中国历史上出现，并形成了不同的义利思想。儒、道、墨、法各家纷纷提出了代表自己学派的义利思想。众所周知，明清时期的徽商和晋商之所以能取得成功，其原因之一就是这里的经商者"贾而好儒"。他们能够自觉地运用儒家伦理规范自己的商业行为，坚持"以诚待人，以信服人，非义不取"，在激烈的商业竞争中用诚信赢得了人们的信任，经商所到之地无不出现"归市如流"的局面，由此在中国商业史上留下了许多可歌可泣的事迹。如晋商中的榆次常氏家族曾开创了可与汉唐"丝绸之路"齐名的中俄茶叶贸易之路，其子孙奔走于闽南沿海至欧洲腹地，历时 150 余年，家业延续近 200 年，获得了"中国儒商第一家"的美誉。其实，经典作家对"义利"关系也有许多精彩的论述。马克思曾经指出："人们奋斗所争取的一切都同他的利益有关。"所以，不可否认，利益是人们行为的启动器，应充分肯定企业和个人通过正当手段获取利益的合理性和合法性。但我们又不能不强调，在获取正当利益的同时，必须将道德约束提到一定的高度，通过遵循和强化道德自律，亦即利用"义"的力量来作为调整人与人之间关系的规范，努力做到"义利兼顾"，物质文明与精神文明并举。

（三）志存高远原则

墨子说："志不强者智不达。"意思是说，一个人没有远大的志向，智慧就得不到充分的发挥。反之，许多取得大成就的人，往往都是意志、天才与勤奋结合的产物。做任何事情，如果没有坚强不屈的意志和坚韧不拔的毅力，也就不可能发挥超人的智慧去完成它。宋代张载也认为："志大则才大，事业大。"志向远大,才干就会大,就能干出一番大事业来。也就是说,人为了有所作为,就必须要树立远大的志向。所谓志存高远,就是要有成就伟业的鸿鹄之志,要能在平凡的工作中发现工作的价值和意义,胸怀全局,不仅要看到眼前的利益,更要有超越常人的视野,看到长远的利益,并懂得付出与取舍。作为现代企业或企业家,置身于市场经济的大潮中,面对日新月异的市场环境和技术变革,可谓百舸争流、不进则退。如果不能树立远大的理想和抱负,没有坚韧不拔的意志,就不可能迎难而上,坚持创新,推进企业攻克一个个技术难题,破解一个个管理困境,实现企业持续健康地发展。

(四)社会责任原则

社会责任不仅是指一个组织对社会应负的责任,也是一个组织以一种有利于社会的方式进行经营和管理的方式,是一个组织承担的高于自己目标的社会义务。也就是说,所谓企业社会责任原则,就是该企业不仅承担了法律和经济上的义务,还承担了对社会有利的长期目标的义务。企业社会责任包括环境保护、安全生产、社会道德,以及公共利益等诸多方面的责任,并由经济责任、持续发展责任、法律责任和道德责任等构成。从经济社会发展和企业经营管理的实践来看,企业积极承担社会责任,不仅对企业实现其社会性的组织作用,保持和发展企业与各种利益相关者之间的契约关系,以及企业提升自身的伦理道德水平十分必要,而且也有利于推进企业与国际经济接轨,对企业赢得良好的社会信誉,增强其竞争力和促进其可持续发展具有十分重要的意义。

(五)共享发展原则

所谓共享发展包括两个层面:一是企业与企业之间要倡导建立合作共赢的竞争机制,拒绝非正当竞争或恶性竞争;另一方面是要在企业员工之间建立成果共享文化,让企业的发展成果能够为全体员工共享。从当今国际企业发展的经验看,合作共赢已经成为企业经营管理的基本规律,大多数世界级著名企业往往通过寻求与其他企业的合作才获得了更多的发展机遇,合则双赢,争则两败俱伤。从企业自身的发展本质看,其终极目标其实还是为了实现全体员工的利益最大化。只有让全体员工获得充分的发展机遇,企业才能有更大的发展机会。而企业要想实现健康持续发展,就必须把"共享发展"的精神作为企业文化的核心。共享也是信任与合作的基础,通过与竞争对手共享发展机会,企业可以赢得良好的外部环境,获得更多的发展机会;建立企业内部共享发展机制能够激发全体员工的积极性和创造性,形成协同创新的活力,共同促进企业的发展。通过这种充分的共享发展行为,培育和形成企业旺盛的整合能力和创新能力,并最终积淀和凝练成为企业强有力的竞争优势。

二、企业价值观体系的构建思路

遵循以上原则并结合当代中国企业价值观培育的方向,我们认为,培育和形成中国企业价值观应该遵循以下基本思路:

(一)必须坚持当代中国先进文化的前进方向

价值观是企业文化的核心,企业价值观培育必然是中国先进文化的重要组成部分。按照当代中国先进文化的要求,企业价值观必须坚持正确的发展方向,树立正确的行为规范,有利于形成先进的企业理念和企业精神,有利于不断增强体制创新和文化创新的能力,有利于不断增强员工的向心力和凝聚力,有利于始终保持企业旺盛的活力和持续的竞争力。

(二)必须坚守市场经济的价值取向

市场经济的价值取向是市场经济活动必须遵循的价值原则,企业作为市场经济条件的主体,其价值观必须要与市场经济的价值取向相结合,要体现市场经济价值观的基本内容、特质和要求。市场经济的机制及功能,对社会经济发展和伦理道德的进步具有相应的推动作用,符合先进文化发展方向的企业价值观既要弘扬市场经济的价值取向,又要扬弃其不合理的东西,继而形成积极向上的价值观。

(三)必须符合先进生产力发展的标准和方向

先进生产力标准不仅是我国现代化建设的根本准则,也是当代企业价值观培育的根本标准。以生产力发展为根本标准的企业价值观,本质上反映的是人本、知识、竞争、公正和科学发展等企业的核心价值观。企业的发展为了人,企业的发展离不开人。企业价值观应是包括促进个体全面发展,使个体价值得到更好实现的价值观。在知识经济时代,知识是最重要的资本,在日益激烈的市场竞争中,知识必将成为关键性的战略资源和经济增长的决定性动力。谁拥有知识优势,谁就拥有财富和资源,以知识为基础组织生产经营,已成为现代企业生存和发展的关键。因而,尊重知识必然成为企业价值观的主要内容。竞争是市场经济最主要的特征,正确的竞争观必然是市场经济条件下企业价值观的应有之义。当然,在肯定正确的竞争观的同时,又要将公平公正作为企业的价值追求,企业只有处理好与个人、社会、竞争对手以及劳动者、所有者、消费者之间的关系,才能形成公平公正的经营环境。企业发展还需要重视科学发展,不能以牺牲环境和生态作为发展代价,要坚持经济、社会协调发展,坚持可持续发展,要将科学的发展观渗透到企业价值观培育的各个环节,形成科学的发展理念和价值取向。

(四)必须坚持"以德治企"和"以法治企"的有机统一

"以德治企"是对中国传统价值观的弘扬和继承,是市场经济的客观要求,自然就是建设先进企业文化的道德内容。企业作为微观经济实体,一方面具有经济人的特质,追求利益最大化,这无可厚非;但另一方面,又不能怂恿企业唯利是图,必须通过严格的法律法规迫使企业自觉成为社会道德建设的维护者,成为努力维护和遵守市场经济秩序的道德规范。因此,大力倡导"以德治企"和"以法治企"的有机统一自然成为市场经济条件下培育企业价值观的重中之重。另外,通过倡导"以德治企"和"以法治企"的价值取向,还可以形成新一代企业家成长的有力保证。企业家是企业发展的助推器和领头羊,企业家道德素养的高低、法治意识的强弱,直接决定着企业道德文化建设的水平。面对现在企业经营领域多种经济成分并存、企业家队伍参差不齐的局面,倡导和强化"以德治企"和"以法治企"的有机统一,对培育新一代企业家队伍显得尤为迫切。市场经济给企业文化建设提出了更高、更严的道德要求,要坚持"以德治企"和"以法治企"的有机统一,就不能拘泥于传统的伦理观念,要坚持稳中求变、稳中求新的原则,以崇高的理想和信念塑造人,努力培育和铸就我国企业的道德观、法治观和价值观,形成符合现代企业的"德魂"和"商魂",提高企业文化的影响力和感染力。

(五)必须坚持博采众长和百花齐放

中国有着五千年辉煌灿烂的文明,文化底蕴博大精深。无论是儒家"天地之性人为贵"的人才观,"以义制利""义利兼顾"的经营观,"德治主义"的管理观,还是法家"依法治国"的法治观,"执要群效"的组织观,抑或是儒道共有的"刚柔相济"的管理观和兵家"谋而后动"的战略观,乃至一些商业经营者在经商实践中总结出来的商业智慧,都对当代企业价值观的培育具有十分重要的借鉴和启迪作用,培育现代企业价值观不能不从中汲取营养。同时,培育企业的价值观就要注重借鉴国外先进的企业文化成果,取长补短,相互提升。当然,企业文化的学习和借鉴,并非一味地照搬照抄,而是要注重切合自己企业的特点,要有鲜明的个性,要根据本行业、本企业,乃至生产产品的特点去塑造企业文化,切忌简单地模仿。

第四章
企业家与企业文化

第一节　企业家概述

一、企业家的概念

企业家"entrepreneur"一词是从法语中借来的,其原意是指"冒险事业的经营者或组织者"。在现代企业中,企业家大体分为两类:一类是企业所有者企业家,作为所有者,他们仍从事企业的经营管理工作;另一类是受雇于所有者的职业企业家。在更多的情况下,企业家只指第一种类型,而把第二种类型称作职业经理人。法国早期经济学家萨伊认为:企业家是冒险家,是把土地、劳动、资本这三个生产要素结合在一起进行活动的第四个生产要素,他承担着可能破产的风险。英国经济学家马歇尔认为:企业家是以自己的创新力、洞察力和统率力,发现和消除市场的不平衡性,创造效用,给生产过程提出方向,使生产要素组织化的人。美国经济学家约瑟夫·熊彼特认为:企业家是不断在经济结构内部进行"革命突变",对旧的生产方式进行"创造性破坏",实现经济要素创新组合的人。他归纳了实现经济要素新组合(也就是创新)的五种情况:采用一种新产品或一种产品的某种新的特性;采用一种新的生产方法,这种方法是在经验上尚未通过鉴定的;开辟一个新市场;取得或控制原材料(或半成品)的一种新的供应来源;实现一种新的产业组织。约瑟夫·熊彼特关于企业家的表述,事实上是一种社会机制的人格化表述。美国管理学家彼德·德鲁克也认为:企业家是革新者,是勇于承担风险、有目的地寻找革新源泉、善于捕捉变化,并把变化作为可供开发利用机会的人。

综上所述,我们可以看出企业家的一些本质特征:冒险家、创新者。因此,我们不妨将企业家定义为：企业家是担负着对土地。资本、劳动力等生产要素进行有效组织和管理，富有冒险和创新精神的高级管理人才。企业家与一般厂长、经理等经营者的不同，主要在于企业家敢于冒险，善于创新。企业家是经济学上的概念，企业家代表一种素质，而不是一种职务。企业家就是企业中能够让企业合法经营、不断发展，具有社会责任的人。

二、企业家具备的素质

(一)注重道德情操的修养

作为企业家，首先要以人为本，宽厚待人。人是企业的根本，人是财富的创造者，只有真正做到"己欲立而立人，己欲达而达人""己所不欲，勿施于人"，才能建立和谐友善的人际关系。企业家要及时改善工作条件，重视安全生产，关心职工疾病等，不污染环境，塑造企业的"仁爱"形象，这是企业最大的无形资本，也是企业家的成功之路。作为企业家，还要时时提醒自己，做到先义后利，见利思义，不义之财不可取，始终树立"君子爱财，取之有道"的经营宗旨，树立良好的企业形象，从而为企业带来长远的利益。松下幸之助要求售货员在遇到顾客要求调换商品或退货时，应当比卖出商品更热情，这是因为松下幸之助深知追求利润与服务相结合对树立良好的企业形象有重要意义。

诚实历来被儒家视为"进德修业之本"。一个人要在社会上站得住脚并有所作为，就必须为人诚实，讲究信誉，树立"人信"。被称为世界船王的包玉刚先生的成功之道就是"以信誉成交，借信誉发展"。在今天的信用社会，企业家要有所作为，就必须讲诚信，并且重视诚信的实践，做到言行一致，知行合一。

(二)拥有"海纳百川"的品格

企业家如何处世，如何知人、用人，关系到企业的兴衰。古人强调选人、用人"士之风必求其实，用人之术当尽其才""选士用能不拘长幼""金无足赤，人无完人"，这些都表明作为一个领导者，必须具备选贤举能的慧眼。

"知人"是"善任"的前提。历史赞扬齐桓公为"九合诸侯，一匡天下"的霸主，但更称颂鲍叔知人、荐人的胸怀和胆识。企业家如何选人、用人，说到底是企业家的胸怀，境界在起主导作用。"海纳百川，有容乃大"，领导者只有广泛听取各种不同意见,博采众议,才能把企业办好,使企业立于不败之地。

作为领导者还要做到公正无私。如果人们怀疑你在徇私,那么你的魅力定会衰退。你讲的话也不会为人所信。所以,按照《淮南子》所讲的,如果领导者公正无私,一言九鼎,则一言而万民齐。总之,要成为成功的企业家,就要在传统文化中吸取精髓,练就较强的文化底蕴和人文内涵,修成"壁立千仞,无欲则刚"的品质,成为一个有浩然正气的企业家。

(三)胸怀"以天下为己任"的社会责任

中国古代商人经商致富后,大都能乐施于民,并处理好国家、社会与个人之间的利益关系。这种传统美德为我国企业树立了榜样,也使我们看到传统企业文化的价值。在实现自身利益增长时,企业家如何担负起社会的责任和义务?表面上,社会责任占有企业的效益,其实是有利于企业的长远发展的,见"利"不忘"义",对社会负责,也是成熟企业的标志。好的市场经济离不开责任,只重视利润可让企业生存,同时追求经济效益和社会效益,才能让企业长存。

三、企业家与企业文化关系的四个阶段

根据我们的研究,企业文化在其形成与发展过程中与企业家联系非常密切,同时企业家在企业文化中的地位与企业的发展规模存在着密切的关联关系。根据企业规模大小和企业家在企业文化中所占地位两个维度划分,企业文化的形成一般分为四个阶段。

(一)企业文化形成期

企业文化形成的第一个阶段是企业文化形成期,此时的企业文化正处于发展的初期,企业规模较小,企业家对企业的影响是决定性的,而且反映企业家精神的途径一般比较直接,企业家精神在本阶段是最强势的,因此企业家精神在企业文化中所占的比例几乎是百分之百。在这个阶段,企业文化的基本特征就是企业主要甚至是所有管理决策及行为基本上都是企业家的决策及行为,其他成员由于相对很少或者很弱势,所以绝大部分围绕着企业家的意志办事。

(二)企业文化发展期

企业文化形成的第二个阶段是企业文化发展期。在这个阶段,随着企业规模的扩大,企业核心团队不断融入新的团队成员。他们的加入给企业家精神带

来新的内容和冲击,通常伴随而来的是由于企业规模增大而带来的管理难度的大幅度增加,企业家在管理过程中会受到挑战或质疑,但因为长期的文化惯性,企业家精神的强势依然持续。

(三)企业文化反思期

企业文化形成的第三个阶段是企业文化反思期,此时的企业家精神往往有两种主要的情况。一种是企业家对自身文化的自觉性反思。他们会思考如何在新的不确定的环境下提高自己适应公司战略发展的需要,这要求他们对自己的文化做出变革,对公司战略重新进行审视,从而使企业家精神在企业文化中所占的比例处于低谷。一般企业中会出现如职业经理人等空降兵,或者咨询公司的介入,这在某种程度上会在局部改变企业文化。另一种是外部市场的变化、公司战略发生重大变化、公司主要高层变化导致了企业家精神的变化。

(四)企业文化稳定期

企业文化形成的第四个阶段是企业文化稳定期,这时经过外来文化的冲击或者自省之后的企业家精神融入了团队和外来文化的洗礼,开放性的文化氛围使得企业家精神逐渐成为企业核心团队文化的综合体,企业家精神在企业文化中所占比例又上升到一半以上,具体根据不同企业体制及企业规模的不同而不同,另外这还取决于企业家的心胸。

应该强调的是:这四个阶段是周期性轮转的,它随着企业的发展会出现周而复始的循环,但一般第一个阶段的重复率会比较低,除非出现重要的文化变革。

企业家精神能否转变成企业文化的关键在于企业家精神能不能很好地解决企业核心团队对生存和发展的基本思维,不然,企业文化就会一直处于散漫的状态,而企业文化也就只能停留在初期的发展阶段了。

第二节　企业家文化使命与文化素质

一、企业家的文化使命

实现企业家文化由传统向现代化转变,首先要求企业家做到文化自觉,这里的文化自觉是指:"企业家对自己的企业文化要有'自知之明',即明白企业文化的历史和形成过程,所具有的特点以及发展趋向。""自知之明"是为了加强对企业文化转型的自主能力,取得适应新环境、新时代要求的企业文化的自主地位。企业文化自觉是一个艰巨的过程,不仅要求企业家自觉地完成自身价值观念更新、文化素质改造,而且要求企业家担负起用领导文化现代化领导企业文化建设的历史使命。

企业家企业文化建设,不同于领导企业的生产、经营和管理。后者是有形的,可见之于物质形态的,并且现代化的技术手段,可以使领导者对生产、经营和管理的控制达到十分严密和精确的程度,而领导企业文化建设却并非一件容易的事情。在许多情形下,企业文化不仅是无形的、内隐的、看不见摸不着的东西,而且领导者不能通过任何物质技术手段实现对它的完全控制。要求习惯于扮演物质建设领导角色的领导者,同时扮演好文化建设的领导角色,采用文化的手段去控制企业文化建设。这对于广大企业领导者来说,是一个重新学习的过程,改造自我的过程,逐渐习惯和适应的过程。

优秀企业家的成功经验表明,企业家在领导企业文化建设中,依据自己特殊的组织地位,应该着重扮演好如下这些角色。

(一)创新者

企业家首先应该成为企业文化、尤其是价值观的创新者。他不应安于现状,墨守成规,满足于单纯传播已有的企业文化,而应该不断进行观念更新,产生新思想、新观念,不断进行移风易俗,形成新作风、新礼仪,使本企业文化始终跟上时代精神,反映社会政治、经济和文化思想的变革,保持它的先进性。

企业家要保持在文化方面的创意,就要不断学习,勇于实践,就要刻苦钻研企业文化理论,虚心学习国内外的先进经验,并带头参与企业文化建设实践,认真总结自己的员工的实践经验,通过学习、实践、总结,增强自己对文化问题的敏感性和洞察力,保持自己的创造活力。企业家在领导企业文化建设方面,最忌懒于学习和实践。一个领导者既不学习自己不懂的理论,又不躬身同员工一道实践,必将使本企业文化落伍于时代,走进僵化不前的死胡同。

(二)倡导者

企业家应该成为本企业文化最积极、最热情的倡导者。他应该时刻不忘本企业的价值目标和价值准则,利用一切手段,通过一切机会宣传本企业文化,而不应该满足于只是提出一般文化理念、标语和口号,只在隆重会议上发出文化建设号召,只在专门的文化礼仪活动中才使人们听到领导者有关文化方面的声音。企业家要成为积极、热诚的倡导者,必须深刻理解本企业文化,以企业价值目标作为自己的奋斗目标,以企业价值观作为自己的信仰和精神支柱,把倡导、宣扬、传播企业文化作为自己的神圣职责。诚于内形于外,只有诚信企业文化,才能在任何时候不忘企业文化,努力倡导企业文化。如果一个领导者对企业共有价值规范体系缺乏忠诚,将信将疑,嘴上说的一套,内心想的却是另外一套,那么,他就不会竭尽全力地去向员工倡导,也不会表现出积极态度和满腔热忱。

(三)组织者

企业家应该成为企业文化建设的组织者。他应该立足现实,面向未来,统揽全局,亲自绘制企业文化建设的蓝图,制定企业文化建设的战略方针,策划企业文化建设的实施方案,而不应该把这种事关全局、影响企业生存发展的根本大计交由具体办事部门去操办,更不能只做一般指示而不进入实际的组织角色。企业家要想实现有效的组织,必须深入实践,亲自考察企业文化建设实践中的问题和成绩、教训和经验,真正做到心中有数。企业家应该实行以点带面,培植典型,用先进典型经验推动全局工作的领导方法。一个企业家对全局心中无数,手中又缺乏成功典型,是难以对企业文化建设实施有效组织的。

(四)指导者

企业家应成为企业文化建设的指导者,他应该针对团体和员工在企业文化建设中所遇到的困惑和问题,不断地作指示、出主意、想办法,指导团体和员工克服困难,解决问题,把企业文化建设引向深入,而不应该见事迟、反应慢,对基层和员工存在的问题熟视无睹,漠不关心,更不应该在团体和员工提出困难和问题时束手无策,一筹莫展。

企业家要实现有效的指导,必须不断思考,在探索中发展自己的聪明机智、远见卓识,善计良策。企业文化建设既要求领导者有激情、狂热,又要求领导者有智慧、理智,仅有炽烈的情感而缺乏指导才能,是断然领导不好企业文化建设的。

(五)楷模

企业家应成为本企业文化的楷模,广大员工效仿的文化榜样。楷模是靠领导者的日常行为在员工心目中树立起来的。因此,企业家应该践行自己创立并倡导的价值规范体系,真正做到表里如一,言行统一,身体力行,使自己的一言一行一动都不偏离企业文化,处处、时时、事事做员工群众的表率。企业家要求员工做到的,自己应该首先做好,带个好头;领导不希望员工做的,自己应该坚决不做,对自己不应给予任何特殊权利,不应有任何宽恕和原谅。只有经过企业家的言行证明了的价值规范,它才能变为员工的共有价值规范。企业家只会唱高调,言行不一,说一套做一套,要求别人一套,自己行的另一套,对员工高标准、严要求,对自己放任自流、毫无约束,经常带头违背自我承诺,这是领导企业文化建设之大忌。

(六)激励者

企业家不仅应该用自己的行为给员工提供实践企业文化行为的参考,而且应对团体和员工实践行为给予激励,积极强化其符合企业文化的行为,防止和克服其不符合企业价值规范要求的行为。也就是说,企业家应该成为团体和员工的激励者。

一个有效的企业家,用以激励团体和员工的手段是多种多样的,有物质性的,如提高工资福利待遇,颁发奖金,解决住房、交通、工作条件和生存物理环境等;还有精神性的,如赞美、友好、敬重、命名、表扬、职位晋升,出席某些会议,加入企业某些荣誉团体等。在企业文化建设中,企业家尤其要善于运用精神性激励,以积极强化团体和员工的规范行为。企业家要善于发现团体和员工中的优点、长处和进步,并给予及时而恰当的赞美、夸奖、肯定。

(七)英才培育者

企业是各种人才聚集的场所,其中也不乏文化建设英才。在领导企业文化

建设的过程中,企业家应该是人才的识别者、发现者、选拔者和培育者。企业家应该做到以下工作:

1.要对那些文化建设的骨干、楷模和有特殊才能、起特殊作用的员工给予重点培养;

2.要同他们保持经常的直接联系,随时听取他们的意见,并给予他们及时的指点;

3.要珍惜人才,重视人才价值,为他们的成长提供各种有利条件;

4.关心他们的疾苦,设法为他们排忧解难;

5.要调动他们的积极性、主动性和创造性,发挥他们各自的特长。

(八)诊断咨询者

企业家应该成为企业文化卓有成效的诊断咨询者,并应该做到以下工作:

1.应该头脑清醒,目光敏锐,能随时察觉到本企业文化的弊端和问题;

2.应该经验丰富,学识渊博,能提出有效解决这些问题的正确的意见和方案;

3.应该才智高超,技术熟练,能够处理极其复杂的文化问题,应付来自各个方面的尖锐挑战;

4.应该能机智地回答团体和员工的各种询问,并通过有力的论证说服团体和员工接受、认同自己提出的对策和方案。领导者卓有成效的诊断和咨询,不仅会使他们在文化方面拥有绝对权威,获得团体和员工的崇敬和佩服,而且会保证企业建设的航船在理性航标的指示下乘风破浪,顺利前进。

综上所述,企业家成功扮演上述角色,发挥自己的领导作用,依赖于许多条件,其中除了企业家个人的文化素质之外,还依赖于集体决策、信息传播网络和智囊技术等组织条件。如果这些条件不充分,企业家将难以发挥其特殊功能,难以完成领导企业文化建设的使命。

二、企业家的文化素质

企业家的文化素质是影响其领导使命实现的重要因素。企业家文化和企业文化的水准,归根结底依赖于企业家文化素质的高低。若企业家的文化素质高,其企业家文化的水准就高,整个企业文化的水准也会不断提高;相反,企业家文化素质低,其企业家文化的水准自然就低,整个企业文化的水准也不会很高。因此,提高企业家自身文化素质,是搞好企业文化建设的关键。

企业家文化素质是其知识经验、思想观念和智力才能等素质的总和。同任何人的文化素质一样,企业家的文化素质也是后天形成的,而不是先天形成的,是企业家在其长期的社会化过程中,通过教育、训练、学习、实践及经验沉淀而逐渐形成发展起来的。企业家的文化素质不是一成不变的,它会随着企业家所处环境及个人主观状态的改变而变化。在一定的环境和实践条件下,企业家的文化素质可以随着个人的主观努力而获得改善和提高,同样也会因个人消极、怠惰、不思进取而逐渐退化。因此,企业家要想胜任企业文化领导工作,改善和提高自己的文化素质,就应该努力实践,刻苦学习。

根据优秀企业家的经验,一个企业家要想改善和提高自己的文化素质,应该着重从以下几个方面着手。

(一)知识结构

企业家的知识结构是影响其文化素质的基本方面。改善和提高企业家文化素质,首先要改善和健全他们的知识结构。

要求企业家有健全的知识结构,成为通才,并非意味着他们不需要成为专家。通才与专家不是绝对对立的。要求企业家"能文能武",不排斥他们在或"文"或"武"的某个方面有所侧重,学有专长,成为一个方面的行家里手。企业家应具备广阔的知识面,掌握自然工程科学和社会人文科学的基本理论、基本知识和基本技能,这样才能胜任他们担负的领导工作。

(二)能力结构

企业家的能力结构是影响其文化素质的另一个重要方面。改善和提高领导的文化素质,不可忽视其能力结构的改善和能力水平的发展。企业家的领导能力是个极其复杂的结构,一个有效企业家的能力通常由三种能力要素构成,这三种能力要素是:

1.一般能力

一般能力又叫普通能力或智力。这种能力是从事任何工作的人所共有的普通的能力,如感知力、记忆力、想象力和思维力。思维力又包含分析力、综合力、抽象力、概括力、比较力、判断力和逻辑推理力等。这种能力虽然不代表领导能力的本质,但它们都是构成领导能力的基础。若一个人连这些起码的能力都不具备,或存在严重欠缺,如记不住事情,不会分析、判断问题,那么,他也不会形成胜任领导工作的起码的领导能力。

2. 一般领导能力

一般领导能力也可称为普通领导能力。这种能力是任何一个领导者必备的起码的能力。如组织能力,即把团体和员工组织起来实现共同目标的能力;决策能力,即从若干工作方案中选择一种方案的能力;指导能力,即给团体和员工提供指示、命令、建议、榜样、范例的能力;筹划能力,即制定工作规划、谋划,安排工作内容、步骤的能力;表达能力,即用口头或书面语言准确地阐释工作方针、策略、决议和意见的能力;信息采集加工能力,即收集信息,分析、辨别、筛选信息和贮存、利用信息的能力;等等。这种能力是在人的一般能力的基础上发展起来的,是人的一般能力在领导实践中的应用,它们代表领导能力的本质,是领导者所具有的典型能力。领导者与普通员工在能力方面的差异,就表现在领导者具备这种能力,而普通员工不一定具备这种能力。

3. 特殊领导能力

特殊领导能力也可称为个别领导能力或特殊领导才能。领导者虽然都具有一般领导能力,在能力方面具有共性,但他们之间又存在着能力的个别差异。属于某个领导者所独有的,与其他领导者不同的那种领导能力就是特殊领导能力。如有的领导者善于言辞,能辩善解,长于说服人,鼓舞人;而有的领导者虽不善言辞,但长于谋划,能考虑到问题的来龙去脉,方方面面,能提出多种不同的可供选择的解决问题的方案,能把那种复杂的工作安排得井井有条;有的领导者创造能力强,总能提出新观念、新思想、新办法、新章程;而有的领导者虽然创造分数偏低,却有很强的模仿、吸收能力,善于博采众长,利用别人的创造成果丰富、完善自己的工作。

在一个领导班子里,每个领导者的特殊领导能力不可能完全一样,并且也不需要完全一样。对于领导者个人来说,只要具备一般的能力和一般领导能力,具有作为一个领导者必需的能力结构和能力水平,就应当尽快培养、发展自己的独特领导能力,保持自己领导能力特长,以发挥自己的独特作用。对于领导集体来说,应知人善任,用人之长,避人之短,尽量发挥每个人的特长,同时使每个人都能从别人那里获得能力补偿,从而提高整个领导班子的领导绩效。

(三) 价值体系

企业家文化素质的核心构成是其价值体系。改善和提高企业家文化素质,最根本的问题就是企业家搞好自身价值观念更新问题。

1. 深刻认识更新价值观念的必要性和迫切性

社会经济和政治改革,必然要求人们改变价值观念,以新的观念去对待改革和参与改革。企业内外环境的变化,在企业家面前不断出现新情况、新矛盾和新问题,并迫使企业家用新的观念去对待和解决这些问题。社会上,生活方式和价值观念变化,普遍改变着企业员工的价值观念、工作态度和工作作风,企业家要提高领导绩效,必须适应员工价值取向。许多优秀企业家的经验表明,在当今时代,企业家的价值观念能否跟上时代步伐,不断破旧立新,是能否领导企业走上兴旺发达、长治久安道路的关键。先进企业之所以先进,从根本上说,是由于企业家把握了时代脉搏,带头实现了观念更新,并用新的观念武装了广大员工。相反,若企业家不能及时更新观念,在领导情境不断变换面前仍然抱残守缺,以不变应万变,那就会使领导工作落伍于员工,从而陷入不可排解的困难、挫败之中。

2. 不断丰富和发展企业共有价值观念

作为企业家个人,需要更新的观念是多方面的,如家庭中的夫妻观念、亲子观念,社交场合的娱乐观念、朋友观念,个人生活方面的消费观念以及健康观念,等等。但是,作为企业组织的负责人,上述观念不是其更新的主题。企业家观念更新的主题在企业共有价值观念方面。企业家个人价值观与企业共有价值观既有联系,又有区别。企业家的角色是企业共有价值观的创新者和倡导者。因此,他们应该把不断更新、丰富和发展企业共有价值观作为自己创新活动的主题。企业共有价值观是企业文化的核心,是维系企业生存发展的精神支柱。企业家不断进行观念更新,从本质上讲,就是在精神方面保持企业生命活力,增强企业生存发展的条件。

3. 在观念更新过程中应该注意处理好四个关系

(1)创造与学习的关系

企业家既要自己创造新观念,又要善于学习别人创造的新观念。但是,学习别人创造的新观念要防止盲目从众、随波逐流。接受、认同别人的创造成果,一定要经过自己的思考,经过自己的选择,结合本企业实际,学习别人的精神实质,并做到创造性地灵活运用。

（2）继承与批判的关系

正确的观念更新，既包含着对传统价值观过时的、糟粕部分的否定、批判、破坏，也包含着对传统价值观有用的、精华部分的肯定、继承、发扬。任何一个新的价值观，都是在对传统价值观批判和继承的基础上产生的。创新就是立足现实，舍弃传统价值观的糟粕，而保留它的精华，使之在新的条件下发扬光大。因此，领导者在观念更新的过程中，既要尊重企业文化传统，维护其积极、有用、符合现时代要求的精华，又要审视、考察它的价值，对其不利于企业进步的部分，做审时度势的变革。在对待企业文化传统问题上，持虚无主义态度和保守僵化态度都是要不得的。

（3）个人与群体的关系

企业家个人带头进行观念更新是完全必要的，并且也是一个企业家应该做到的。但是，企业家的观念更新，不等于员工群体的观念更新，只有员工群体一同实现观念更新，他的观念更新才会获得支持而产生实际效果。因此，企业家一方面应保持创新，勇于在价值观方面带头创新；另一方面应该耐心宣传、教导员工，促使群体对新观念的接受和认同。并且，要虚心学习基层团队，支持员工基层团队的观念更新，从而确定新观念在企业共有价值观中的主导地位。

（4）观念与作风的关系

新观念的价值在于其能指导实践，感召群体，增强企业的活力。企业家进行观念更新的目的在于用新的观念去指导领导工作。员工基层团队判断企业家在观念方面的先进与落后，往往不是凭借企业家的宣言和口头承诺，而是从企业家的工作态度和工作作风中去获取实证。企业家只有把创造出的新观念用于自己的领导工作实践，形成新的工作态度和作风时，新观念才会赢得广大员工群众的认同，变为整个企业行动的指南。因此，企业家在进行观念更新的过程中，应该边更新、边实践，身体力行，言行一致。企业家不仅要在思想观念上给员工提供丰富的精神营养，而且要在工作作风上给员工提供活生生的榜样。

第三节　企业家精神

企业家精神是指被企业家群体和社会普遍认同，由企业家践行的价值取向和精神特质。企业家精神是企业生命的灵魂,是现代经济最重要的因素,是企业乃至整个经济社会发展的驱动力。我国的改革开放不断向前推进,与企业家的全身心投入、敢于担当的企业家精神分不开。市场活力来自人,特别是来自企业家精神。激发和保护企业家精神,就要鼓励更多社会主体投身创新创业;加快培养造就国际一流的企业家、具有国际视野的企业家,就要激发企业家精神,发挥企业家才能,增强企业内在活力和创造力,推动企业不断取得更新、更好的发展。

一、弘扬企业家精神的意义

企业家精神是优秀企业家身上与众不同的精神特质和共有品质。企业家精神是经济发展的重要源泉,是企业乃至整个经济社会发展的驱动力,是生产力的关键要素。企业家精神应当是推进企业创业创新,实现企业持续稳定发展,开辟企业新事业领域,推动社会进步所必须具备的精神。具备企业家精神的企业家,善于想象、勇于探索、抓住商机、积极尝试。一旦遇到有发展潜力的商机,企业家能够不畏风险,快速决策,果敢创业,追求卓越。自改革开放以来,我国在市场化浪潮中逐渐培养锻炼出一支自强不息、顽强拼搏、迎难而上、锲而不舍的企业家队伍,弘扬了企业家爱国敬业、遵纪守法、艰苦奋斗的精神,创新发展、专注品质、追求卓越的精神,履行责任、敢于担当、服务社会的精神,为企业成长进步、行业发展壮大、国家繁荣富强做出了重要贡献。

(一)加快企业和经济社会发展

自改革开放以来,我国经济快速增长,在世界经济发展史上创造了奇迹。广大企业家身上展现的企业家精神,成为增强经济活力的关键要素和引领经济发展的重要动力,为积累社会财富、创造就业岗位、促进经济社会发展、增强综合国力做出了重要贡献。

1. 促进企业创业创新发展需要弘扬企业家精神

企业家创业就像跑马拉松一样,前方充满了众多挑战和不确定性。无论是熟练的马拉松运动员,还是新上场的初跑者,外部的自然环境、天气状况,以及跑步者自身的体能变化都具有不确定性,什么情况都可能发生。关键在于跑步者是否能够带着对艰难挑战的预期,不间断奔向终点。马拉松象征着锲而不舍、不断超越的精神。在漫长的企业家创业过程中,企业家把创业当成跑马拉松。创业是踏上一条少有人走的路,意味着可能放弃很多休息时间、个人爱好,甚至与家人享受天伦之乐的时间。跑得快未必跑得久,跑得稳才能跑得长,一旦出发就要到达终点。企业家在创业的马拉松过程中,要有耐心和恒力,调整自己的节奏,不跟人攀比,在不同发展阶段的市场竞争中,保持不同的发展速度。初创企业尤其是初创的高科技企业研发费用高,技术人才比例高,产品和服务的科技含量高,初创的高科技企业不仅需要高投入,而且盈利模式尚不成熟,发生风险的可能性比较大。创新是企业的使命,是企业家精神的灵魂,也是企业家创业的动力和基础。创业是创新得以商业化的重要条件。创业创新的精髓在于不怕失败,勇于向前。创业创新者,一定要有企业家精神,始于足下,赖于精神。企业家精神是点燃企业改革发展的强力引擎。企业家具备了艰苦奋斗的创业精神、勇于开拓的创新精神、精益求精的工匠精神和敢于担当的责任精神,才能带领企业攻坚克难、开拓进取、不断创新,才能在市场竞争中立于不败之地。一个企业能走多远,取决于企业家改革魄力,取决于企业家创新精神。文学巨匠、诗人泰戈尔曾说过,外在世界的运动无穷无尽,证明了其中没有我们可以达到的目标。目标只能在别处,即在精神的内在世界。真正企业家的个性、理念、言行中,都能找到创新的因子。企业家是成功精神、是竞争不垮的心态、是征服未来的雄心。

我国经济发展进入新常态,企业面临日益激烈的市场竞争和转型升级的挑战。创新的市场化实现过程,就是新企业的生成过程。创业成为创新产业链中的重要环节。这迫切需要大力弘扬企业家精神,与时俱进、奋发有为、砥砺前行,引领和激发企业创新创造的活力。

2. 推进经济社会发展需要弘扬企业家精神

企业是推动经济社会发展的载体。企业家是推进经济社会发展的生力军,是解决经济社会发展中存在问题的关键因素。企业家精神是经济社会发展的动力源泉。企业家只有充分发扬不畏风险、勇于开拓的企业家精神,才能推动经济社会不断进步。

我国经济已经由高速增长阶段转向高质量发展阶段,正处于转变发展方式、优化经济结构、转换增长动力的攻关期。建设现代化经济体系,是我国经济发展跨越由"量"到"质"的迫切需要。建设现代化经济体系,就是坚持质量第一、效益优先,推动经济发展质量变革、效率变革、动力变革,提高全要素生产率,不断增强我国经济创新力和竞争力。建设现代化经济体系就是要主动求变,坚持变中求新、变中求进、变中突破。建设现代化经济体系为企业家施展才华提供了广阔舞台,也带来新挑战。无论是提高供给质量,还是扩大有效供给,都需要企业家有胆识、有魄力、敢于担当。企业家精神应当围绕国家的要求和市场的需要,在追求创造财富的道路上,用创新精神为社会做出应有的贡献。

(二)加快改革开放

改革开放四十多年来,我国企业家群体崛起,企业家精神激荡。广大企业家以敢为天下先、爱拼才会赢的企业家精神积极投身改革开放。

1. 加快改革需要弘扬企业家精神

激发和保护优秀企业家精神,发挥企业家积极作用,是我国改革开放以来坚持的一项重要原则,也是建设现代化经济体系的一项重要内容。深化企业改革,企业家是主角。企业在融入开放的过程中,企业家需要具有以下能力:

(1)能够适应市场经济要求和驾驭市场的能力;

(2)需要发扬敢为天下先,爱拼才会赢的闯劲,敢于啃硬骨头,敢于涉险滩,勇于冲破思想观念的束缚,冲破利益分配的藩篱;

(3)需要具有智慧、胆略、品德、对事业的不懈追求及对社会的高度责任感。激发和保护企业家精神,就是要增强企业家信心,推进我国改革开放和经济可持续发展。

2. 扩大对外开放需要弘扬企业家精神

增强企业市场活力和竞争力来自人,特别是来自企业家,来自企业家精神。对外开放需要一大批具有国际视野。勇于担当的企业家。这呼唤着中国企业家要积极应对外部环境变化,更好地利用两个市场、两种资源,密切跟踪并大力吸收全球创新资源和最新成果,弘扬企业家创新发展精神,为扩大开放做出积极贡献。

二、企业家精神内涵

企业家是社会物质财富和经济价值的创造者,也是社会主义精神财富和人文价值的创造者。企业家是社会精英阶层中的优秀人物,是经济社会发展的中流砥柱。企业家精神体现了企业家的理想信念、思想境界、价值追求等特点,作为经济社会发展的核心推动力,新发展阶段的企业家精神需要具备风险承担能力并对不确定性进行创新。

一是爱国。正如威廉·鲍莫尔等学者提出的,企业家精神作用的发挥需要依赖于一个稳定的、法治化的市场经济制度安排,而稳定制度的前提是国家职能的充分发挥。亚当·斯密提出了国家在市场经济制度中的三项重要职能,即保护本国社会安全,使之不受其他独立社会的暴行与侵略;保护人民,使社会中任何人不受其他人的欺辱和压迫,换言之,就是建立一个严正的司法行政机构;建立并维持某些公共机关和公共工程。因此,客观上看,只有国家强大、安全、稳定,企业才能不断发展,企业的发展与国家的繁荣、民族的兴盛不可分割。当然,爱国不仅是制度的客观需要,也是我国企业家的光荣传统和文化基因。企业家精神中的爱国具体表现在两个方面:一是企业的宗旨使命一定要以国家、民族、人民的福祉为重;二是企业在发展过程中绝不能损害国家和民族的利益。

二是创新。约瑟夫·熊彼特等学者都认为创新是企业家精神的核心内涵。随着以国内大循环为主体、国内国际双循环相互促进的新发展格局的逐步形成,加强关键技术的自主创新、突破"卡脖子"的技术瓶颈,既是我国发展的战略需要,也是企业应对各种风险挑战、实现高质量发展的必由之路。因此,创新是当代中国企业家精神的核心内涵。企业家精神中的创新不仅包括技术的创新,还包括经营模式、发展理念等多个方面的持续创新。

三是诚信。社会学的奠基人之一、法国社会学家艾米尔·涂尔干将社会的关系分为两种,一种是契约式关系,一种是非契约式关系。涂尔干认为信任不仅是维护非契约式关系的重要手段,也是保障契约式关系有效运行的基础工具,因此信任本质上是一种社会资本。建立市场中社会信任的关键因素便是企业家的诚信。在市场经济制度下,企业家的诚信不仅对他人有利,也对自己有利,因为诚信会形成一种社会对自己的预期,可以降低交易成本。企业家精神中的诚信包括强化法治意识、契约精神、守约观念,维护信用经济、法治经济等。此外,企业家还要做诚信的表率,带动全社会道德素质和文明程度的提升。

四是社会责任。何为企业的社会责任?学者阿奇·卡罗尔认为企业的社会责任不仅是一个理论问题,更是一个实践问题,现实中的企业如果只考虑利润,将会被视为没有社会责任。现代管理学之父彼得·德鲁克进一步指出,"行善赚钱"是21世纪企业社会责任的新内涵,也就是通过创造对社会有益的商业活动实现商业价值和社会价值的统一。这一观点逐渐成为企业界的广泛共识。我国是社会主义国家,只有真诚回报社会、切实履行社会责任的企业家,才能得到市场和社会的普遍认可。可以说,社会责任是当代中国企业家精神的标志性内涵。社会责任具体表现为对利益相关者权利的维护,包括客户权利、员工权利、股东权利、供应链权利、行业生态权利等。

五是国际视野。亚当·斯密最早提出自由贸易理论,指出自由贸易可以使参与贸易的双方都获得好处。大卫·李嘉图进一步提出了比较优势论,认为即使一国在两种商品生产上较之另一国均处于绝对劣势,但只要处于劣势的国家在两种商品生产上劣势的程度不同,处于优势的国家在两种商品生产上优势的程度不同,则处于劣势的国家在劣势较小的商品生产方面仍具有比较优势,处于优势的国家则在优势较大的商品生产方面仍具有比较优势。改革开放以来,尤其是加入世界贸易组织以来,我国经济越来越深入地融入世界经济体系之中,在推动世界发展的同时也实现了国际化。许多企业家勇做经济全球化的弄潮儿,在全球开展经济技术和贸易合作,利用国际国内两个市场、两种资源的能力不断提升。因此,国际视野仍是当代中国企业家精神的必备内涵。企业家精神中的国际视野具体表现为:企业家要着眼和统筹国内国外两个大局,把握国际市场需求、研判国际市场动向、提升国际市场影响力、防范国际市场风险,在更高水平的对外开放中不断发展壮大企业。

第四节　企业家与企业文化

一、企业文化特性

人类创造文化,文化就如同人的影子,哪里有人,哪里就有文化,简直是无处不在,无处不有。但是,生活于企业里的人们创造的企业文化,与别的文化有什么不同,有什么特性,还需要通过比较、分析,才能说清楚。

1. 从文化区域角度比较,相对于区域等大文化而言,企业文化是一种组织文化。文化区是个文化空间概念,它所指的是某种文化适用的空间或范围。

作为组织文化的企业文化,它自然受到国家文化、民族文化,甚至社区文化的影响。企业价值观、企业理想、企业宗旨、企业精神、企业作风以及企业习俗和礼仪,无不受国家文化和民族文化的影响。同一区域内的若干企业,其文化也都镶嵌着区域文化的标识,这些都是不同企业其企业文化的共性。没有个性的企业文化是一种表面文化,最终不会为广大员工所认同。

2. 从文化形态角度比较,相对于社会文化和政治文化而言,企业文化属于经济文化,是一种经营管理文化。文化形态是文化存在形式的概念,它所指的是某种文化存在和适用的活动领域。文化形态从大的方面分有经济文化、政治文化和社会文化等。政治文化是存在和适用于政治活动中的文化现象;社会文化是存在和适用于社会活动中的文化现象。所谓存在和适用于政治和社会活动中的文化现象,主要是指构成政治和社会活动的诸如习俗、礼仪、制度、语言等文化参数。企业不是政治组织,也不是一般意义上的社会成员组织,而是一个从事经济活动的组织,它的生产、经营、管理和领导活动,无一不是围绕经济这个主题进行的。因此,企业文化属于经济文化范畴,是一种经营管理文化。

3. 从文化地位角度比较,相对于非主流文化而言,企业文化是一种占据主导地位的主流文化。文化地位是在若干文化并存情势下,文化间关系的概念。在同一个企业里,同时不可能仅存在同一种文化。有为企业组织倡导的文化,也有为企业组织排斥的文化;有文化创新过程中倡导的新文化,也有文化创新过程中被扬弃,却仍然起作用的旧文化;有资深员工守望的文化,也有新加入员工带进来的文化。同时,企业组织成员中不同的年龄群体、性别群体、学缘群体、地缘群体等,都有不同特点和不同色彩的文化。但是作为企业文化只有一种,它就是企业组织的主流文化。

4. 从文化形成角度比较,相对"自在"文化而言,企业文化是一种"自为"文化。不管哪种文化都是人创造出来的。但是,从一种具体文化形成来看,却存在"自在"、自然与"自为"、自觉两种形成过程。所谓"自在"文化是经由各种文化要素相互作用,自然而然地形成发展起来的文化。生活在这个文化圈的人们不知不觉进入这种文化模式,"无意"中被这种文化净化了。所谓"自为"文化是指可以设计、可以建设、可以管理和领导的文化。企业文化属于这种文化,它是由领导者构想倡导,经过一系列促进员工文化认同的措施而逐渐形成发展起来的。企业文化的"自为"文化特点,是企业文化建设的客观依据。据此,人们可以按照自己的意愿,选择自己喜欢的文化模式,建设符合自己理想的企业文化。

5. 从企业核心价值观角度比较,企业文化是以人为本、以文化人和文化自觉。企业文化倡导"以人为本",其是在管理中相对于"以物为本"而提出的,它将人作为管理核心的需要,重视群体内部人员之间感情互动对生产经营的作用效果,注重制度和机制,更注意尊重人们价值和人性关怀。人本管理是基于现代社会人的主体意识不断增强的必然选择。人是生产力诸因素中最积极、最活跃的因素,是现代化企业管理的核心,提高管理水平,必须树立和强化"以人为本"的观念,掌握人的行为规律,满足人的心理需求,协调好人际关系,营造良好的工作氛围,充分调动个人的生产劳动积极性。

"以人为本"要真正地、切实地将广大员工作为企业经营管理的主体,将员工个人价值实现同企业集体价值实现有机地联系与统一起来。一是要尊重人的主体地位,在企业经营中切实贯彻为了人、尊重人、培养人、理解人、爱护人的原则;二是要加强人力资源的开发,努力为员工提供广阔的事业舞台,最大限度地激发员工参与企业经营管理的活力;三是要将员工利益同企业利益有机协调和统一起来,让员工在企业发展中切实得到实惠,尽可能地实现员工利益同企业利益的"共赢";四是要持续改善企业组织机构,推进组织结构的科学化,不断健全和完善员工参与企业经营管理的机制和渠道;五是要加强内部沟通特别是企业领导者同基层员工之间的沟通,及时了解员工的心声,及时为员工排忧解难,最大限度地增强企业凝聚力和向心力;六是要坚持不懈地加强对员工的教育和培训,提升员工的思想道德素质和综合文化素质。

"以文化人"是企业的基本功能,它通过用先进的文化塑造人的方式,发挥人的主体作用,挖掘人的文化潜力,调动人的主动性和自觉性,进而促进管理的进步和经营水平的提高。"以文化人"一是对个人的开化,即修炼人的品行,培养人的知识,开启人的智慧,挖掘人的潜能,使之成为德才兼备的人才;二是对集体的开化,即对企业人才资源的开发和利用,培育团队意识,提高团队智慧,不断增强团队凝聚力和市场竞争力;三是通过塑造文化环境、培育文化网络,形成文化传播效果。

"文化自觉"首先是指企业家对企业存在价值和经营管理的终极目的的思考,是对企业经济工作中文化内涵、文化意义的理解,是运用文化规律和特点适宜于管理之中的文化理性。其次是指全体员工对企业文化的认同和内化达到"从心所欲而不逾企业文化之矩"的程度。企业文化的主体内容来源于企业家的文化思想,企业文化的建设和保持依赖于企业家的文化自觉,企业文化在员工中的内化程度,决定于企业家文化人格化的水平。同时,企业家文化思想形成的重要原因之一在于能够观察、认识、提炼企业员工的智慧,从而形成有本企业特色的文化,企业家的智慧来自群众,来自实践,如果离开群众、离开实践,则企业家很难产生符合实际的、有利于融合员工的文化思考。

实践证明,成功的、有活力的企业文化是企业全员团结一致、上下同欲的结晶,更是一种全员自觉意识的集中体现。这种自觉意识来自对企业文化内涵的深刻理解和本单位企业文化特点的系统把握上。从成功的企业文化实践看,企业文化完全是企业自身发展的需要,它不是搞给外人看的,不是从外面强加给企业的东西,而是一种适合于企业所采取的自觉行为。因此,企业文化建设绝非锦上添花,而是企业适应竞争和变革环境的需要,是主动发现自身问题、解决自身问题、完善自我的需要。从一定意义上讲,企业文化规定了人们的基本思维模式和行为模式,或者说是习以为常的东西,是一种不需要思考就能够表现出来的东西,但是一旦违背了它就感到不舒服的东西。这就是企业文化建设的自觉意识,有无这样一种意识,体现了企业文化建设的力度、深度和持久度。因此,要充分把握企业文化内涵,还必须从企业内在发展规律出发,定位本单位企业文化的特点,利用多种载体和手段渗透企业核心价值理念,把宣传发动、提炼企业价值观的过程作为提升人的境界的过程,从而增强全员认知意识,让广大员工真正了解本单位企业文化的内涵,认清自身在企业文化中的价值地位,从而把实践企业精神作为提升自己的重要职责和使命,变"要我这样做"为"我要这样做"。

二、企业文化功能

企业文化功能是指作为一个经营管理因素的企业文化对企业生存发展的作用和影响。近年来,国内外学者就企业文化功能问题做了大量有益探讨,比较多的意见认为,企业文化具有导向、激励、凝聚、融合、规范、守望和辐射功能。

(一)导向功能

企业文化的导向功能是指它对企业行为的方向所起的显示、诱导和坚定的作用。国内外优秀企业都有明确而坚定的企业方向。它们不论在企业顺利、成功的情势下,还是企业处境恶劣,遭遇重大挫败时,都不曾发生过迷茫,失去前进的方向。它们之所以能够这样做,是因为有强大的企业文化导向。

(二)激励功能

企业行为激励功能是指企业文化对强化员工的工作动机,激发员工的工作主动性、积极性和创造性的作用。激励分外激励与内激励。外激励是靠外部的力量,这种激励的激发力是有限的。它可能只对一部分员工有效,而对另一些员工无效;它需要不断显示恐怖因素,时时离不开严密的监督,更需要经常增强诱发物的效价,不断提高物质分配水平,否则,就会因监督不力,刺激物效价不足而削弱人们的工作动机,失去工作动力。外激励不仅在受激励的对象方面不普遍,时间方面不持久,而且更为有害的是,它会造成员工对外力的消极依赖,从而妨碍积极性、主动性、创造性的发挥。因此,外力激励充其量也只能维持一般的工作效率,维持企业的正常运转,而不能开创工作的新局面,大幅度提高工作效率。国外有的学者把外激励称作"维持型激励",把外激励因素称作企业的"保健卫生性因素",其道理就在于此。

与外激励不同的是内激励,又叫自我激励,是指靠员工内在的目标、信念、兴趣和偏好等因素去强化人们的工作动机,激励人们的工作干劲。这种激励的激发力是无限的,它不需要事事物质刺激,必要的时候,人们会忘我牺牲,不计报酬。它更不需要时时监督,一般情况下,人们都会自觉履行职责,严格要求自己。并且,靠内激励而工作的员工,十分反感外力控制和监督,而把它们看作压抑、妨碍自己发挥的异己力量。因此,内激励会使员工保持高度的自觉、自动,从而会极大地发挥出自己的体力、智力和聪明才干。国外有的学者把内激励称作"真正的激励",把内激励因素称作"激励因素",其道理就在于此。

员工工作动机的激励与其需要的满足有关。员工的需要不仅仅是物质需要或生理需要,它还有社会的需要和精神的需要。马斯洛把人类的需要分为由低至高逐级排列的五个层次,即生理需要、安全需要、社交需要、尊重需要和自我实现、自我发挥、自我完善的需要。人们的工作动机是在寻求对这些需要的满足。凡是能满足人们需要的事物,就能强化人们的工作动机,就具有激发力;凡是不能很好满足人们需要的事物,与人们工作动机的强化就无关或者关系不大,因而它不具有或不具有理想的激发力。由此可见,物质刺激(包括表明剥夺物质所得的惩罚、恐怖等)仅能满足人们的生理需要和部分安全需要,而远远不能满足人们的社会需要和精神需要。因此,单靠物质力量激励的外激励,其激发力是有限的,只有充分开发那些能广泛满足人们社会需要和精神需要的事物,才能提高企业的激励效果,增强对员工工作动机的激发力。总而言之,这种具有高激励功能的事物,就是企业文化。

(三)凝聚功能

企业文化的凝聚功能是指它对企业组织的团结和组织对员工的吸引所起的促进作用。任何一个优秀的企业都有很高的凝聚力。高凝聚力主要表现在以下三个方面：

1. 整个企业组织是团结的,即组织与团体。团体与团体之间的关系是和谐、密切的;

2. 组织对团体、团体对员工个人具有很强的吸引力;

3. 员工对团体和组织有很强的认同感、归属感和向心力。优秀企业之所以能把若干团体及个人凝聚在一起,是因为它有强大的企业文化。

(四)融合功能

企业文化的融合功能有两层含义:一是指企业文化能够把组织内部的各个不同团体从文化上整合为一个共同体;二是指企业文化能够把带有异质文化倾向的个人同化为本企业文化的人。也就是说,通过文化的融合功能,使企业组织内部的各个团体和个人都达到文化的同质化,从而使组织更加团结、统一。

(五)规范功能

文化的规范功能是指其按照一定行为准则对员工行为所起的规定、约束作用。从某种意义上说,企业文化是一种规范性文化。所谓规范性文化是指影响人并已形成行为规范的文化。构成这种文化的内容有两种:一种是观念性文化,包括人们的价值观、信仰、道德、习俗、礼仪等,它教人们按照这些观念选择符合要求的行为;另一种是制度文化,包括正式组织所制定的法规、纪律、守则等,它强制人们按照这些法规选择符合要求的行为。显然,企业文化属于观念性文化,它赋予人们一定的价值观、作风、习俗和礼仪,教人们做出符合这些规范的行为选择。

(六)守望功能

企业文化对其自身有守望功能,对外部文化有辐射功能。守望功能也可以具备防守功能。企业文化有维持自身基本价值观纯洁性、连续性和一贯性,防止外部文化干扰、渗透的功能,这种功能就是守望或防守功能。企业外部的文化氛围是极其复杂的,不仅有直接规定企业文化的社会大文化,而且有同样受着社会大文化影响,并对企业文化发生作用的各种样式的小文化,如校园文化、军营文化、别的企业文化等。这些异质文化信息将会通过各种媒体传播到企业中来,有些被企业文化吸收、同化,有些还可能构成企业文化新的积累过程的契机,而有些则同企业文化相矛盾、相冲突,构成企业文化的危机。

强大企业文化之所以能够对自身实现守护功能,是因为它具有强文化传统,有凝结着文化价值意识的作风,有化风为俗的文化习俗和礼仪。也就是说,它具有一整套从意识到态度、从态度到行为固定不变的文化模型。没有这套固定的文化模型,企业文化是难以有效抵制异质文化的干扰、渗透,保持自己文化的个性和纯洁性的。

(七)辐射功能

企业文化的辐射功能是指企业文化向外部扩散,同化异质小文化、影响社会大文化的功能。"企业的小气候"改变了社会"大气候",增强企业文化对社会大文化的积极影响;"一盏明灯,照亮了全行业",这是说加强企业文化对行业文化的积极影响;"先进企业的经验,改变了后进企业的面貌",这说明加强企业文化向异质文化企业的扩散、渗透,异质文化就会被强企业文化所同化。

强文化信息之所以能够传递出去,传播开来,是因为它是强文化,它有着成功的积累历程,有着可供借鉴之处,有着珍贵的价值、鲜明的个性、独特的风格。如果一种企业文化本身不强大,又无特色,只是人为地想在社会、在行业、在兄弟企业传播,即使开动一切宣传机器,大张旗鼓地宣传,也不会为别人所接受、所认同。前些年,有的所谓企业家的"治厂经验",以及这个"法"那个"则",宣传投入高得惊人,可是,由于这些企业本身并没有形成足以使其安身立命的企业文化,所以终究没有赢得广大企业界的悦纳和认同。

第五章
企业文化建设的路径

第一节　企业文化建设的规律和基本原则

一、企业文化建设的一般规律

由于各国社会制度不同、历史文化背景不同、所处历史阶段及企业具体情况不同,中国企业除了在对国外企业文化建设的经验有选择地加以借鉴外还必须建设具有自身发展特色的企业文化。

(一)准确定位、科学推进

企业文化是一个企业在长期生产经营过程中形成和发展起来的,是一个企业的生存方式和发展方式。企业发展实践是企业文化产生与发展的基础,反过来,企业文化又对企业的发展发挥促进作用。企业文化是企业发展的精神动力和思想灵魂,在一定程度上反映了企业经营管理者和全体员工的文化素养和文化追求。企业文化建设可以学习借鉴,但不可以照搬;可以适当引导,但不可以超越阶段;可以积极创造,但不可以忽视企业职工的整体特点。中国企业的企业文化建设应遵循以下"三个规律":

1.遵循企业文化形成和发展的基本规律,认清文化建设的长期性,做到统筹规划、分步实施,注重文化积淀,不断实现文化提升,建设优秀的企业文化需要长期的培育过程;

2.遵循企业成长的规律,认清文化建设与企业发展的内在统一性,做到从企业发展的阶段性特点和内在要求出发,去推进企业文化建设,既不能过于超前,又不能严重滞后,必须具有一定的前瞻性,同企业的组织结构、产业结构和发展战略的调整保持协调一致;

3.遵循文化育人的规律,坚持文化理念推行的系统性和长期性,做到因人、因群体不同而采取相应的方法和措施,推进理念普及和文化育人。对于中国企业来说,必须把自主性原则与强制性原则结合起来,把正向激励同系统灌输结合起来,积极营造浓厚的文化氛围,提高文化激励人、塑造人、培育人的效能。

(二)坚持以人为本、注重市场

坚持以人为本的科学发展观,是中国企业建设和发展有中国特色的先进企业文化必须遵循的基本原则。中国企业的企业文化建设必须把确立正确的以人为本、和谐发展原则作为一个重要任务,充分认清以人为本原则的前提性、历史性和整体性,并指导企业文化建设的具体工作,才能使企业文化建设取得实实在在的效果。

1.要认清以人为本原则的前提性,把以人为本和以企为家有机统一起来。以人为本原则的价值原则是人的价值高于物的价值,人作为目的的价值高于人作为手段的价值。这一原则实现了由人仅仅是企业发展的手段,到成为既是企业发展手段,更是企业发展目的的一种提升,这一提升并没有否定人作为发展手段的价值。倡导以人为本必须同倡导员工是企业发展的动力主体和责任主体相统一,让他们成为企业发展的目标主体和利益主体。

2.要认清以人为本原则的整体性,把个体利益实现程度与整体利益实现程度有机统一起来。在我国社会主义条件下,"以人为本"原则中的"人"既是一个个体性概念,也是一个整体性概念,"以人为本"不仅是要实现一个人、一个群体的发展,更是要实现全体人民的发展,实现各个群体在发展上的动态平衡。"以人为本"不仅是要实现人的一个方面的发展,更是要实现人的多方面的发展,满足人的多方面需求。因而我们落实"以人为本"原则必须按照整体动态平衡的要求,既要解决个体的特殊问题,又要实现整体性发展。

(三)不断强化合同信用管理和提升企业品牌形象

中国企业要深刻地认识到"守合同重信用"是企业发展的根基,加强企业信用建设,塑造企业形象是公司发展的重要目标和抓手。"守合同重信用"是企业树立良好信用形象的基础。中国企业首先要从强化良好的信用意识环境入手,建立健全以讲信用为荣、不讲信用为耻的信用道德评价和约束机制,从机制上推动企业自觉形成"守合同重信用"的良好氛围。其次是强化员工的诚信行为。中国企业的员工,包括企业的高管层,都坚持按照诚信的要求做事,核心是提供诚信产品和服务,对企业的不诚信行为进行坚决的抵制并积极上报,做到不生产销售劣质产品、不污染环境、不提供虚假证明等。中国企业要坚持打造诚信文化,把明礼诚信作为员工的基本行为准则,大力提倡诚信、守信、公平竞争、讲信誉的优良风尚,要求人人争做讲信誉、守信用员工,让个体诚信带来更好的组织诚信。中国企业在企业文化建设中大多已实施了 CI(企业形象塑造)战略,这对提升企业自身形象起到了重要的作用。在推进 CI 战略的同时,应该及时导入 CS(顾客满意)战略,使企业的形象塑造提升到一个新的水平。

(四)创造和谐的文化氛围

和谐是企业稳健、持续发展的基本保证。许多基业长青的企业都很注重企业内外部环境的和谐。注重外部和谐,就会使企业得到外部环境的保护和支持,使企业成为社会责任的承担者和友好者。保持内部和谐,就会使企业内部利益相关者感到公正、公平,从而维持合作关系,同心同德致力于企业的发展壮大。创造和谐的文化环境和氛围是落实科学发展观与创建和谐社会的基本要求,是我国企业文化建设的目标之一。

中国企业在今后的企业文化建设中应该把创造良好的文化生态摆在更加突出的位置,以构建"六种和谐关系",即以"企业与员工、员工与员工、企业与企业、企业与社区(社会)、企业与环境、员工身体与心理之间的和谐关系"为核心,通过积极进行理念创新,确立和宣传体现构建"六种和谐关系"的发展观、合作观、环境观、生活观等价值观念。在合理界定社会责任的基础上,积极塑造企业良好的社会形象;通过加强心理文化建设,促进员工身心和谐发展等措施和途径,不断优化人际关系,建立良好公共关系,优化企业内外发展环境,促进企业和谐发展。

(五)确立经营"文化"的新视角

中国企业开展"经营"文化的工作,具体可从四个方面进行。

1. 制定经营"文化"的长远战略,遵循文化发展的内在规律,确定中长期目标,从战略层面对本企业长期积累的文化资产进行经营;

2. 可通过打造文化品牌的方式提升企业文化资产的价值;

3. 开发具有企业特色的文化商品,通过具体的文化营销,实现企业文化资产的升值,包括开发体现企业文化个性的纪念章、纪念币、纪念邮票、企业歌曲、电视剧、网络游戏等;

4.培育宣传文化英雄,以此来提升企业文化资产的价值。从经营"文化"的视角看,王进喜、王启民、李黄玺、许振超等不仅是单个企业的劳动模范,更是这个企业的文化英雄,代表着我国国有企业广大员工的精神追求,也体现着一个个企业的个性文化。从经营"文化"的角度,对他们所代表的文化不断进行解读和释义,不断进行培育和传播,就可以使他们所代表的文化不断增值。

(六)增强企业全体员工的共同行为能力

企业文化是全员性文化。文化建设的主体、文化践行的主体和文化育人的对象都是全体员工。提高企业全员的文化自觉是企业文化建设的一个目标,而使企业全员文化自觉的程度又决定着企业文化建设的成效。因此,提高企业全员的文化自觉是企业文化建设的一个关键环节。

中国企业今后企业文化建设的一项重点工作应该在提高企业全员的文化自觉程度上下功夫,尤其是要着重在提高企业家的文化领导力和员工的文化执行力上下功夫。

1.应探索建立全员创建体系,形成全员建设企业文化的局面。在日常工作中,注重设计具有全员性特点的文化创新与培育活动,吸引员工广泛参与;

2.应探索建立综合推进企业文化建设的运行机制;

3.应探索解决文化与管理融合的渠道,提高文化理念的制度化程度,使文化通过管理和制度发挥作用;

4.应探索建立长效培育机制,把文化培训作为获得企业法人资格、岗位任职资格等方面培训的重点,贯穿在自我成长过程中。要践行企业的社会责任,企业所承担的社会责任包括遵纪守法、诚信经营、依法纳税、保护环境、构建企业内外和谐关系、积极参与慈善公益事业等。要从以处理劳资冲突和环保问题为主上升到实施企业社会责任战略,提升企业的国际竞争力。

二、企业文化建设的基本原则

(一)服从企业战略目标原则

企业的发展战略目标确定后,企业文化建设应该围绕这个目标规划企业远景并以此来凝聚员工朝着这个目标不断奋进。因为企业文化要求在员工中形成密切协作的团队精神,需要员工有共同的价值观,需要员工向着目标一步一步付出辛劳和汗水。如果没有对目标的认同即使努力了也可能事倍功半。在激烈的市场竞争中,企业如果没有一个自上而下的统一目标是很难参与市场角逐的,更难以在竞争中求得发展。例如,有的企业实施的是快速扩张型战略企业文化,必然是永不言败、敢创新高、反应快速、行动迅速、令行禁止、讲求奉献的强势企业文化。有的公司实施的是保持型的发展战略,还有的企业实施的是紧缩型发展战略,它们的企业文化必然与之相适应。因此,企业进行企业文化建设一定要考虑到企业的发展战略类型和目标。

在企业文化建设中坚持目标原则,首先,意味着要科学合理地制定企业文化的发展目标,即明确企业的基本信念和基本哲学。这些基本信念和基本哲学目标不同于企业经营目标,不像经营目标那样具体和可量化、可操作,它只是一种理念性的目标,这种目标一旦确定下来,一般不会轻易改变,它决定着经营管理目标的方向和实施的成效。其次,意味着要采取有效的办法实现既定文化目标。一般来讲,一个企业的创始人或执掌企业帅印时间较长的企业家,往往是企业基本信念和基本哲学的最初倡导者。开始时企业成员对此并未产生共识,只有经过企业创始人和企业家的长期灌输、精心培育,并使员工及时得到认同和实践这些目标的反馈,才能使他们的目标行为不断被强化,进而为实现目标而献身于事业之中。

(二)注重企业文化内涵原则

企业文化的内涵最核心的层面应是价值层面,而各种符号、英雄、活动等是最表层的企业文化的表现形式。因此,企业在建设过程中应将企业在创业和发展过程中的基本价值观灌输给全体员工,通过教育整合而形成一套独特的价值体系,将这些价值体系和理念通过各种活动表现出来,才会形成比较完整的企业文化。如果只有表层的形式而未表现内在价值和理念,这样的企业文化是没有意义的、难以持续的。

所谓"共识",是指共同的价值判断。创造共识是企业文化建设的本质。人是文化的创造者,每个人都有独立的思想和价值判断,都有自己的行为方式,如果在一个企业中,任由每个人按自己的意志和方式行事,企业就可能成为一盘散沙,不能形成整体合力。企业文化不是企业中哪个人的文化,而是全体成员的文化,因此只有从多样化的群体及个人价值观中抽象出一些基本信念,然后再由企业在全体成员中强化这种信念,进而达成共识,才能使企业产生凝聚力。可以说,优秀的企业文化本身即是"共识"的结果,因此建设企业文化必须不折不扣地贯彻这一原则。此外,在现代企业中,员工受教育程度越来越高,脑力劳动者在全体劳动者中所占的比例越来越大,人们的主动精神和参与意识也越来越强。只有把握员工的这种心理需求特点,创造更多的使员工参与管理的机会和条件,才能激发人们把实现自我价值与奉献企业结合起来,促使全员共同心理的形成。

(三)坚持人人参与原则

所谓和谐原则,即坚持企业管理人员和一线员工之间和谐相处,实现关系的一体化。在企业文化建设中,坚持和谐原则能够有效地建立起组织内部人与人之间相互信赖的关系,为实现价值体系的"一体化"创造条件。传统的管理模式人为地把管理人员与一线员工分割开来,企业就像一座金字塔,从上到下实行严格的等级管理。这种管理模式的前提是把管理人员视为管理主体,把一线员工视为管理客体,管理的含义即管理主体如何去控制管理客体按照管理主体的意图和规划目标去行事。依照这种管理思路,为了研究如何管好人,管理学家们曾对企业员工的"人性"做过多种假设,如"经济人""社会人""自我实现人""复杂人"等,以不同的假设为前提,提出若干相应的管理理论与方法,但都未从根本上缓解管理主体和管理客体紧张对立的关系状态,也未能解决管理效率的最大化问题。尤其是在信息社会,随着科技进步、生产自动化和现代化程度越来越高,脑力劳动越来越占主导地位,脑力劳动者和体力劳动者之间、管理者和被管理者之间的界限越来越模糊。坚持和谐原则建设企业文化,有助于打破管理人员和一线员工之间的人为"文化界限",使两者融为一体,建立共同的目标和相互支持、相互信赖的关系,组织上的一体化最终促成精神文化上的一体化。

在企业文化建设中,实行和谐原则,最重要的是要弱化等级制度的影响,千方百计赋予一线员工更大的权力与责任,建立内部一体化关系。实践证明,这样做的结果是:一线员工大多数希望负责任,希望接受富有挑战性的工作,希望参加各种竞赛并希望获胜。只有给他们创造了这种条件,他们才能减少不满情绪,主动思考如何把工作做得更好、更出色,由过去纯粹的外部控制和外部激励变成自我控制和自我激励。

(四)鼓励追求卓越原则

卓越是一种心理状态,也是一种向上精神。追求卓越是一个优秀的人,也是一个优秀的企业之所以优秀的生命与灵魂。竞争是激发人们卓越精神的最重要的动力,一种竞争的环境,促使一个人或一个企业去努力学习、努力适应环境、努力创造事业上的佳绩。显而易见,坚持卓越原则是企业文化的内在要求,因为任何企业在竞争的环境里都不甘于做平庸者,构建文化是为了创造卓越的精神,营造卓越的氛围。

卓越是人的社会性的反映,人生活在社会中,相互之间比较、竞争,都有追求最佳的愿望,也可以说这是人的本性。但人的这种本性不一定在所有的情况下都能完全释放出来,取决于他所处的环境给予他的压力大小,取决于有没有取得最好、最优的条件。企业文化建设的任务之一就在于创造一种机制、一种氛围,强化每个人追求卓越的内在动力,并把他们引导到一个正确的方向上来。有无强烈的卓越意识和卓越精神,是区别企业文化良莠的标志之一。

贯彻卓越原则首先要善于建立标准,建立反馈和激励机制。当人们知道什么是最好的标准并树立了相应的价值判断时,才能克服平庸和知足常乐的惰性心理,为实现组织倡导的目标而不懈努力;否则,尽管卓越文化的倡导者天天在喊口号,但缺乏对"卓越"应该达到的理想状态进行具体的描述,人们的行为像不知终点的赛跑,因此,即使有一定的卓越意识也不会保持长久。当然,反馈与激励也非常重要,反馈是由组织告诉每个人,你在卓越的路上跑到什么地点,与别人的差距有多大;激励时应及时奖励领先者,鞭策后进者,这些都能够增强人们追求卓越的动力。其次,造就英雄人物也是不可缺少的,企业英雄是体现卓越文化的典型代表,这些人物曾经为或正在为实现企业理想目标而拼搏、奉献。他们取得过显著的工作业绩,并且得到企业在物质与精神上的奖赏。在拥有这类英雄人物的企业中,人们自觉不自觉地受到英雄人物卓越精神的感染,进而效仿英雄人物的行为。

(五)注重创新和个性化原则

绩效是一项工作的结果,也是一项新工作的起点。在企业文化建设中坚持绩效原则,不仅要善于根据人们工作绩效大小进行奖励,以鼓励他们以更好的心理状态、更大的努力投入下一轮工作当中,而且目的还在于把人们的着眼点从"过程"转向"结果",避免教条主义。传统的管理与其说重视目标,不如说更重视完成目标的过程,这种管理把主要精力放在过程的标准化和规范化上。不仅告诉组织成员"做什么",而且告诉他们"怎么做",把工作程序和方法看得比什么都重要。这种管理的思维逻辑是只要过程正确,结果就一定正确。员工在工作中必须严格执行既定的规程、方法,接受自上而下的严密监督与控制,员工的工作个性和创新精神受到压抑。确立绩效原则的最终目的是要改变员工在管理中的被动性,增强其主动性及创造精神。

贯彻绩效原则首先要改变传统管理的思维逻辑,建立起"只要结果正确,过程可以自主"的观念。在管理实践中,企业应引入目标管理的机制,坚持以个人为主,自下而上协商制定目标的办法,执行目标过程中以自我控制为主,评价目标也以自我检查、自我评价为主。企业最终以目标执行结果——工作绩效为唯一尺度进行奖惩,并以此作为晋级、提升和调资的依据,从而鼓励人们积极探索、创新,谋求使用最好的方式与方法,走最佳捷径,完成工作任务,提高工作效率。实际上,这一过程既成为员工自我学习、提高的过程,也成为企业促进员工勤学向上和能力开发的过程。另外,企业要转变管理方式,减少发号施令和外部监督,多为下级完成目标创造条件、提供服务,帮助员工学会自主管理、自我控制、自我激励。

第二节　企业文化建设的步骤与方法

企业文化建设,就是根据企业发展需要和企业文化的内在规律,在对企业现实文化进行分析评价的基础上,设计制定企业目标文化,并有计划、有组织、有步骤地加以实施,进行企业文化要素的维护、强化、变革和更新,不断增强企业文化竞争力的过程。

一、企业文化建设的步骤

(一)企业文化调查

组织行为学的观点认为,企业文化是指企业成员共有的一套意义共享体系,它使组织独具特色,区别于其他组织,这个意义的共享体系实际上是企业所看重的一系列关键特征。调查和分析一个企业的企业文化是比较复杂和困难的,但也是很重要的一个课题。

从企业文化角度认识一个企业,比单纯从财务指标或者年报上认识这个企业更深入、更透彻一些。假设一个外部人空降到一个企业担任高管,除了了解这个企业的财务状况、人员构成之外,最好能尽快准确地把握这个企业的企业文化。企业文化调查便是这样一个工具。要进行企业文化调查,企业需经过以下几个步骤。

1. 对企业总体情况进行了解,包括企业的历史情况、人员构成、目前的经营管理状况、人员素质、管理水平、产品竞争力、品牌价值等方面。实际上,这是任何一个空降或是外聘高管都要做的事。

2. 了解这个行业的背景,包括行业的历史与现状、行业竞争力、从业人员文化倾向、相关行业的企业文化特征、市场竞争情况、市场人员精神状态与工作状态、市场前景影响力、市场从业人员对企业整体的认识。这是从行业的中观层面来认识把握企业的,主要从市场角度切入,这是非常准确的。因为企业是市场竞争的主体,市场是企业的主要生存环境,市场和营销人员最能反映和评价企业的文化优劣。

3. 通过一系列具体调查活动来认识和评判企业文化,包括问卷调查、座谈、个别交流、书面材料研究、高层专访、随机访问、现场观察等方式。这些方式,是真正走入企业进行企业文化调查的具体步骤。

4. 问卷调查,要注意问卷设计、发放范围、操作方法、统计分析。座谈要注意座谈对象、内容设计、过程控制和引导等环节,还要关注一些细节。高层专访也要进行内容设计,提前准备,注意把握关键点。书面材料研究,则主要是从文本内容尤其是企业的历史来了解企业。现场考察是很重要的方式,要重点考察厂房车间布局、产品包装、物料存放、设备设施情况、员工服饰与精神面貌、文字及宣传栏情况、对外人的态度、食堂宿舍。这些方面基本可以反映一个企业整体的物质风貌和精神风貌。

以上都是从一些方法层面去了解企业的整体文化特征。

(二)企业文化设计

企业文化是一个有机的整体,它包括精神层(即理念层)、制度层、行为层和物质层,它包含了企业形象识别系统的全部内容,既有理念系统,又有行为系统和视觉识别系统。理念层的设计要本着以下原则:历史性原则、社会性原则、差异性原则、群体性原则、前瞻性原则和可操作性原则。制度层和物质层设计要本着与理念高度一致的原则、系统完整性原则和可操作性原则。

1. 企业理念层的设计

企业文化设计中最重要的是企业理念体系的设计，它决定了企业文化的整体效果，也是设计的难点所在。理念体系一般来讲包括以下方面：企业愿景（或称企业理想）、企业使命（或称企业宗旨）、核心价值观（或称企业信念）、企业哲学、经营理念、管理模式、企业精神、企业道德、企业作风（或称工作作风）。企业制度层主要是为了贯彻企业的理念，日常管理的每一项制度都是企业理念的具体表现，同时有必要针对企业理念的特点制定一些独特的管理制度，尤其是在企业文化的导入期十分必要。物质层的设计主要包括标识设计、服装设计、办公用品设计等，核心是企业标识和企业标识的应用设计，这些设计都要为传达企业理念服务。

企业理念是企业的灵魂，是企业持续发展的指南针。企业理念中的各个部分有着内部的逻辑性，设计时需要保持内部的一致性、系统性。企业愿景描述了企业的奋斗目标，回答了企业存在的理由；企业哲学是对企业内部动力和外部环境的哲学思考；核心价值观解释了企业的判断标准，是企业的一种集体表态；企业经营理念回答了企业持续经营的指导思想；企业精神体现了全体员工的精神风貌；企业作风和企业道德是对每一位员工的无形约束，所有内容相辅相成，构成一个完整的理念体系。

2. 企业制度层的设计

企业制度层的设计主要包括企业制度设计、企业风气设计、员工行为规范设计，这些设计都要充分传达企业的理念。

企业制度指工作制度、责任制度、特殊制度。这些制度既是企业有序运行的基础，也是塑造企业形象的关键。所谓特殊制度，是指企业不同于其他企业的独特制度，它是企业管理风格的体现，比如"五必访"制度，在员工结婚、生子、生病、退休、死亡时慰问员工或其家属。

员工行为规范主要包括仪容仪表、待人接物、岗位纪律、工作程序、素质与修养等方面。好的行为规范应该具备简洁、易记、可操作、有针对性等特点。隶属于企业文化制度层面的，还包括与企业文化有关的其他活动，主要有以下六类。

（1）运营类活动

企业的运营类活动主要是服务于生产经营的，但有些活动也和企业文化有关，比较典型的有 ISO 认证、质量圈活动、安全生产活动等。这些活动可以强化员工的质量意识、安全意识,其主题本身同时也是企业的文化理念。

（2）文化艺术活动

文化艺术活动常见的形式有歌咏、联欢、书画、摄影和演出等,这些是企业经常开展的一类活动,但和企业文化的关系比较弱,其娱乐性的功能价值大于企业文化传播价值。企业要发挥其文化传播功能,就需要根据企业文化的要求设计活动主题,并选择与主题一致的活动形式和内容。

（3）专业性活动

专业性活动是和员工的技能提升有关的,典型的形式有岗位练兵、技术比武和技能大赛等。和运营类活动相似,这类活动的主要目的虽然不在于企业文化,但也可传播文化理念,如专业、竞争、追求卓越和个人发展等。

（4）政治性活动

政治性活动是国有企业特有的,其他性质的企业很少见到,其主要形式是党员的学习教育,如保持党员先进性、科学发展观、创先争优等。这类活动对追求卓越、团队、奉献、廉洁等文化理念有传播作用。

（5）体育活动

体育活动是企业开展比较多的活动,如篮球、足球、乒乓球、拔河、跳绳、登山等都是企业员工喜闻乐见的体育项目。开展体育活动的主要形式包括组建俱乐部、举办比赛、召开运动会等,这类活动可以强化团队、竞争、争创一流等文化理念。

（6）公益性活动

公益性活动所体现的主要是企业对社会责任的重视,有的企业也通过公益性活动宣扬关心、友爱、平等等思想,主要形式包括捐款捐物、义务劳动、支教、志愿活动等。

3. 企业物质层的设计

企业物质层的设计是指企业标识、名称以及其应用的各类象征物。企业的名称和标志如同人的名字一样,是企业的代码,设计时要格外慎重。企业标识则是企业理念、企业精神的载体,企业可以通过企业标识来传播企业理念,公众也可以通过标识来加深对企业的印象。同时,企业标识出现的次数和频率,直接影响社会公众对该企业的认知和接受程度,一个熟悉的标识可以刺激消费欲望。如果把企业理念看成企业的"神",那么企业标识就是企业的"形",它是直接面对客户的企业缩影,因此在设计和使用上要特别关注。

(三)企业文化实施

企业文化实施阶段,实际上也是企业的一次变革,通过这种变革,把企业优良的传统发扬光大,同时,纠正一些企业存在的问题。最早提出有关组织变革过程理论的是勒温(Lewin),该模型提出组织变革三部曲:解冻—变革—再冻结。可以说这一模型也反映了企业文化变革的基本规律。一般来讲,企业文化的变革与实施需要有导入阶段、变革阶段、制度化阶段、评估总结阶段。

导入阶段就是勒温模型的解冻期。这一阶段的主要任务是从思想上、组织上、氛围上做好企业文化变革的充分准备。在此阶段,企业要建立强有力的领导体制、高效的执行机制、全方位的传播机制等几方面的工作,让企业内部所有人认识到企业文化变革的到来。为了更好地完成这一阶段的工作,企业可以建立领导小组来落实,设立企业文化建设专项基金来开展工作,在人力、物力上给予支持。

变革阶段是企业文化建设工作的关键。在这个阶段内,要全面开展企业文化理念层、制度层、物质层的建设,即进行由上而下的观念更新,建立、健全企业的一般制度和特殊制度。形成企业风气,做好企业物质层的设计与应用。这一阶段可谓是一个完整的企业形象塑造工程,中心任务是价值观的形成和行为规范的落实,至少要花一年的时间。

制度化阶段是企业文化变革的巩固阶段。该阶段的主要工作是总结企业文化建设过程中的经验和教训,将成熟的做法通过制度加以固化,建立起完整的企业文化体系。在这一阶段,企业文化变革将逐渐从突击性工作转变成企业的日常工作,领导小组的工作也将从宣传推动转变成组织监控。这一阶段的主要任务是建立完善的企业文化制度,其中应包括企业文化考核制度、企业文化先进单位和个人表彰制度、企业文化传播制度、企业文化建设预算制度等。这一阶段常见的问题是新文化立足未稳、旧习惯卷土重来,尤其对于过去有过辉煌的企业,往往会坚持旧习惯,这一点要求管理者做好足够的思想准备。

评估总结阶段是企业文化建设阶段性的总结。在企业基本完成企业文化建设的主要工作之后,总结评估以前的工作,对今后的企业文化建设具有十分重要的作用。评估工作主要围绕我们事先制定的企业文化变革方案,检查我们的变革是否达到预期的效果,是否有助于企业绩效的改善和提高。总结工作还包括对企业文化建设的反思,主要针对内外环境的变化,检查原有假设体系是否成立,具体的工作方法主要是现场考察、研讨会、座谈。

二、企业文化建设的基本方法

企业文化建设是一项系统工程,其方法多种多样,因企业而异。企业要善于根据自身的特点,具体问题具体分析,结合实际,综合运用各种方法,有效地建设本企业的文化。下面介绍几种基本方法,供企业选择时参考。

(一)文化培训法

培训是企业文化建设最常用的方法之一,企业不仅可以通过专门的企业文化培训促进企业文化落地,更要在数量更大的其他培训中融入企业文化。企业结合员工的岗位、性质、特点和需要,进行企业文化培训,可以使员工在文化素质和专业技能得到提高的同时,对企业的历史、沿革、传统、信条、宗旨和价值观念、行为准则等有一定的了解和掌握,为企业文化建设与发展奠定基础。运用文化培训法,我们要注意从以下几个方面入手。

1. 培训政策与企业文化

企业培训政策规定了培训预算、培训时间和培训资助方式等,其具体内容能反映企业的文化理念。如果培训经费投入多、人均培训时数多、对员工自行参加的培训资助力度大,则说明企业重视人力资源开发,这是"以人为本"的体现。

2. 培训课程与企业文化

所有的培训课程都应和企业文化有关,企业需要明确每一门培训课程与企业文化的具体关联,以在培训项目中宣传、讨论企业文化。例如,领导力培训和所有的文化理念都有关;拓展训练可以强化团队精神、竞争观念;销售、服务技能的培训和人本观念、顾客观念有关;安全、质量方面的培训除了其固有的主题外,也和人本观念、顾客观念有关。事实上,企业开展的任何一门培训课程在传递一种或几种关系最直接的文化理念的同时,也可以宣传其他的理念,即使那些纯技术性的培训,也可以通过分析"为什么要掌握和运用这些技术"而建立起技术和文化之间的联系。很多优秀企业都通过课程设计将企业文化的核心理念渗透到所有的培训项目中。

3. 培训师资与企业文化

企业的培训师资有外部和内部两个群体。与外请师资相比,内部师资有很多优势,其中之一就是他们熟悉企业的历史和现状,对企业文化有深刻体会。这使得他们在培训过程中能更主动、准确地传播企业文化,培训效果也会更好。因此,企业有必要制定内部师资选拔和任用办法,用以选拔合适的人员充实到内部师资队伍,并对入选师资队伍的人员提供系统的培训。除培训方法、沟通技巧这样的技能型课程外,企业也要对他们进行专门的企业文化培训,帮助他们把企业文化融入自己的课程。

4.培训合作伙伴与企业文化

任何企业都不可能自行完成所有培训,部分培训项目需要交由专业机构完成。企业在选择培训的合作伙伴时,不仅要考察对方的专业水平,而且要考察其企业文化,包括合作机构的文化和培训师个人的特点。如果对方的企业文化或个人特征和本企业的文化有明显冲突,一定要另选其他机构和培训师。

(二)宣传教育法

宣传教育法是建设企业文化的基本方法。企业只有通过完整系统的、长期的、多形式、多层次、多渠道的宣传教育,形成强烈的企业文化氛围,才能把企业文化转化为员工的自觉意识,成为企业和员工行为的指南。

进行企业文化的宣传教育,是企业文化实践工作的第一步,目的在于在企业中形成一个浓烈的舆论气氛,让员工在耳濡目染、潜移默化中接受企业倡导的价值观,并指导自己的行为。宣传的方式和手段有以下几种:

1.进行厂史教育。向新员工介绍企业的优良传统、道德风尚和价值准则,了解企业的发展历史,增强员工对企业的荣誉感、自豪感和责任感。

2.编辑出版物。编辑出版企业文化简讯、刊物、纪念册等,将企业文化内容体系向员工灌输,向社会传播。

3.厂办学校传播企业文化。大型企业可以办企业员工大学或员工学校,大张旗鼓地宣传企业的特点、风格和企业精神,激发员工的工作热情。

4.会议宣传企业文化。通过各种会议对员工宣传企业文化,如举办读书会、演讲会、茶话会、对话等形式,沟通企业内部经营管理信息,增进员工了解,使员工理解企业的政策与行为,并参与企业事务。

5.开展各项活动。如在企业内部召开多层次的企业文化研讨会、开展丰富多彩的文娱体育活动、企业精神训练活动等,寓企业文化教育于丰富多彩、生动活泼的业余文化体育活动之中,使员工在参与这些活动的过程中陶冶情操,提高文化修养。

6.加强一般员工间的互相影响。由于企业里数量最多的是一般员工,和一个人关系最密切、共处时间最长的人也是他们的同事,因此,员工间的互相影响对企业文化落地的影响不可小视。

企业可以采用的具体做法有以下五种:一是邀请在践行企业价值观方面表现突出的员工担任新员工的指导人,对他们的指导工作提出具体要求并提供方法、技巧和资料方面的支持;二是发掘普通员工在践行企业价值观方面的典型事例,及时予以宣传表彰;三是在对企业文化落地的效果开展评估时按部门、团队进行统计,对有问题的团队及时采取加强培训、调整人员等对策;四是对员工践行企业价值观提出明确要求,督促员工经常检讨自身行为,并不断改进;五是了解员工中非正式群体的动向,对那些和企业目标一致的非正式群体给予支持,对那些和企业目标不一致的非正式群体加以疏导。

(三)典型示范法

典型示范法就是通过树立典型、宣传典型人物来塑造企业文化。所谓典型人物,是指企业员工中最有成效地实践企业文化的优秀分子。所树立的典型,既可以是企业的领导者,也可以是企业的普通员工,而且普通员工典型往往更具影响力。典型人物就是企业价值观的化身,树立他们的正面形象,就是给广大员工提供值得效法和学习的榜样。看一个企业推崇什么、赞赏什么,从它所树立的典型人物的行为中即可判断出来。典型人物在其事迹中表现出来的精神、意识,正是企业文化倡导的内容。

利用正面树立典型和英雄模范人物,把企业倡导的价值观具体化、形象化,是我国企业文化建设的成功经验。企业运用典型示范法塑造企业文化关键在于典型人物的造就。一般来说,企业典型人物是在企业经营管理实践中逐步成长起来的,但最后作为楷模出现,则需要企业组织认定、总结、倡导和宣传。典型人物是本身良好的素质条件、优异的业绩条件与企业"天时、地利、人和"的客观环境形成的催化力共同作用的结果。因此,企业在造就典型人物时,我们应该做到以下几点:

1.善于发现典型人物,即善于发现那些价值取向和信仰主流是进步的、与企业倡导的价值观相一致的、具备楷模特征的优秀员工;

2.注意培养典型人物,即对发现的典型人物进行培养、教育和思想意识的理

论升华,并放到实践中锻炼成长;

3.要肯定宣传典型人物,即对在实践中锻炼成长起来的有优异业绩、有广泛群众基础的典型人物以一定的形式加以肯定,总结其先进事迹,并积极开展宣传活动,进行广泛的宣传,提高其知名度和感染力,最终为企业绝大多数员工所认同,发挥其应有的楷模作用;

4.要保护典型人物,即制定鼓励先进、保护典型人物的规章制度,伸张正义,消除企业内部对先进人物的不良倾向。需要指出的是,对企业典型人物进行宣传必须实事求是,不要人为地进行拔高,给先进人物罩上一层神秘的光环,使一些先进人物变得不可信。在宣传和发挥典型人物的作用时,应给予典型人物必要的关心和爱护,为他们的健康成长创造良好的环境和条件。

(四)环境优化法

环境与人是密切相连的,人能造就环境,环境也能改造人。按照行为科学和心理学重点,优化企业的向心环境、顺心环境、荣誉感环境,是企业文化建设的重要方法。现代心理学认为,共同的生活群体能产生一种共同的心理追求,这种心理追求一旦上升为理论并被群体成员公认,就会产生为之奋斗的精神。这种精神就是人们赖以生存与发展的动力。一个企业也是这样,也需要有一个蓬勃向上的指导企业整体行为的精神,从而把员工的生活理想、职业理想、道德理想都纳入企业,甚至社会的共同理想的轨道上来。这种能使企业员工产生使命感并为之奋斗的精神状态,称为"向心环境"。理想的价值观念也只有在这种向心环境中升华,才能使企业产生向心力和凝聚力。

1.建设向心环境

建设向心环境需要在共同理想的目标原则下,根据本企业的发展历史、经营特色、优良传统、精神风貌,去概括、提炼和确定企业的精神目标,再把精神目标具体融化在企业管理之中,使企业经营管理与思想政治工作融为一体,变成可操作性的东西,使员工产生认同感,唤起使命感。例如,一些人认为,发展市场经济和为人民服务是对立的,根本无法结合,但许多经营成功的企业都从实践上回答了这个问题,即市场经济与为人民服务可以融为一体。如商贸企业能给顾客以真情实意,处处为顾客着想,这种思想和行为就是市场经济条件下为人民服务的生动体现。任何一个企业,越能为顾客着想,越关心和尊重顾客,越满腔热情地为顾客服务,就越能得到顾客的信赖,从而企业的经济效益也就越高,员工的物质利益也就越能得到保障,企业的向心力和凝聚力就越强。因此,造就团结奋斗的向心环境,就能使员工的理想在向心环境中得以升华,成为力量的源泉、精神的支柱。

2. 创造顺心环境

创造顺心环境的目的是开发动力资源。人的才智和创造力是一种无形的、内在的动力资源,在环境不符合的条件下,一般常以潜在的形态存在,只有在心情处于最佳状态时,才能焕发出充沛的精神活力,所以企业文化建设成效,往往来自一个团结、和谐、融洽、亲切的顺心环境。企业顺心环境的建设,非常重要的环节是企业在管理过程中,要善于"动之以情,晓之以理,导之以行"。企业不仅要关心员工对衣、食、住、行等基本层次的需要,更重要的是注意引导员工对高层次精神方面的需要。经常从生活上关心员工,体察员工的疾苦,解决员工的困难,营造企业大家庭的文化氛围,增强企业大家庭的温暖,等等。只要企业领导者和管理者身体力行,员工当家做主和谐融洽、团结宽松的顺心环境一旦形成,员工的工作就会充满意义,生活充满乐趣,就会为振兴企业释放出内在的光和热。

3. 营造荣誉感环境

通过营造荣誉感环境,可以激励高效行为。行为科学认为,人的行为分为低效行为和高效行为。荣誉感环境是消除低效行为、激励高效行为的重要因素。精明的企业领导者,总是在创造一个以多做工作为荣、以奉献为荣、以整体得奖为荣的心理环境上下功夫,以降低和消除人们的低效思想行为,保持群体蓬勃向上的精神活力。

企业要创造良好的荣誉感环境,首先要有荣誉感意识,通过各种途径培养员工对企业的归属感和荣誉感。

(1)要树立集体荣誉感和为企业争光的主人翁责任感;

(2)要注意宣传企业的优良传统、取得的成就和对社会的贡献,不断提高企业的知名度和美誉度,塑造企业良好的社会形象;

(3)要尊重员工的劳动,及时而充分地肯定和赞扬企业员工的工作成绩,并给予相应的荣誉和奖励,使员工感到企业能理解、关心他们;

(4)要勇于打破企业内部存在的消极平衡的心理状态,使员工学有榜样,赶有目标,不断强化他们的集体意识和进取意识,造成争先恐后、比学赶超、开拓进取、奋发向上的良好局面。

(五)全面激励法

所谓激励,就是通过科学的方法激发人的内在潜力,开发人的能力,充分发挥人的积极性和创造性,使每个人都切实感到力有所用,才有所展,劳有所得,功有所奖,自觉地努力工作。激励法既是有效管理企业的基本方法之一,也是企业文化建设的有效方法。建设企业文化的激励方法很多,视情况而定,下面介绍几种最常用的激励法。

1. 强化激励

所谓强化激励,就是对人们的某种行为给予肯定和奖励,使这个行为巩固,或者对某种行为给予否定和惩罚,使它减弱、消退。这种工作过程称为强化,前者称为正强化,后者称为负强化。正强化的方法主要是表扬和奖励。表扬就是表扬好人好事、好思想、好经验。奖励可分为物质奖励和精神奖励,两者必须配合得当,有机结合。负强化的主要方法是批评和惩罚,批评的主要方法有直接批评、间接批评、暗示批评、对比批评、强制批评、商讨批评、分阶段批评、迂回批评等。惩罚的主要方法有行政处分、经济制裁、法律惩办等。

2. 支持激励

支持下级的工作,是对下级做好工作的一个激励。支持激励包括尊重下级,尊重下级的人格、尊严、首创精神、进取心、独到见解、积极性和创造性;信任下级,放手让下级工作,为下级创造一定的条件,使其胜任工作;支持下级克服困难,为其排忧解难;增加下级的安全感和信任感,主动为下级承担领导责任等。

3. 关心激励

企业的领导者和管理者通过对员工生活上和政治上的关怀,使他们感到企业大家庭的温暖,以增强主人翁责任感。

4. 情趣激励

有情方能吸引人、打动人、教育人,也就是说,只有激发人的同情心、敬仰心、爱慕心,才能产生巨大的精神力量,并影响人们的行为。实践证明,许多效果显著的讲话、谈心,都离不开流露于言语中的激励,同时还要注意有情与有趣的结合,员工除了紧张的工作外,还有更广泛的兴趣。因此,企业应采取多种措施,开展丰富多彩的活动,培养和满足员工的乐趣与爱好,从而激发其工作热情。

5. 榜样激励

榜样的力量是无穷的。它是一面旗帜,具有生动性和鲜明性,说服力最强,容易在情感上产生共鸣。有了榜样,可使企业学有方向、干有目标,所以榜样也是一种有效的激励方法。

6. 集体荣誉激励

先进集体的成员会有一种荣誉感、自豪感、光荣感和信任感。每个成员都要为维护集体的名誉负责,在维护集体名誉的过程中焕发出极大的工作热情和干劲。

7. 数据激励

用数据表示成绩和贡献最有可比性和说服力,也最能激励人们的进取心。如球赛时公布的比分能激励队员去取胜,各种统计报表的数据能激励人们比、学、赶、帮、超。运用数据激励的主要方法有:逐月公布企业内部各部门、各班组,甚至是员工的各项生产经营指标;公布员工政治、技术、文化考核的成绩,激励员工努力学习科学技术和掌握业务技能;设立立功本、光荣册,公布各种劳动竞赛成绩,激励员工争当先进者。

8. 领导行为激励

优秀的领导行为能激励群众的信心和力量,因此企业领导者应该通过自己的模范行为和良好的素养去激励员工的积极性。

当然,建设企业文化的激励方法还有很多,企业应根据实际情况和本身特点,合理选择,综合运用,以求速效。

第三节　成功有效的企业文化体系构建

一、企业文化建设的保证体系

企业文化建设的保证体系是指企业以保持和发展优良企业文化为目标,运用系统观点,坚持以人为中心,优化企业内外环境,构建强化与固化企业文化的有效机制。企业文化不仅需要构塑成型,更需要巩固和发扬,使其转化为物质力量,转化为凝聚力和现实生产力。因此,建设一种积极、健康、向上的企业文化,必须从物质、制度、礼仪等方面采取相应的保证措施,以便巩固它、强化它,使优良的企业文化渗透到全体员工的心里,融入企业的经营管理中。

(一)企业文化的物质保证

企业文化的物质保证是基础保证,它是指通过改善企业的物质基础和生活条件,扩大生产经营成果,完善企业的文化设施,来物化企业的价值观,以增强企业的凝聚力和员工的归属感。这是企业文化保证体系中的"硬件"。为了把企业文化建设落到实处,企业必须建设好生产环境工程、福利环境工程和文化环境工程。

企业生产经营的物质条件(如厂房、设施、机器设备等)和物质产品既是企业文化赖以形成和发展的基础与土壤,也是企业精神文化的物质体现和外在表现。建设企业生产环境工程,就是要逐步改善企业生产经营的物质条件,生产出最优秀的产品。

企业福利环境工程建设是企业为满足员工的基本生产生活需要而进行的非生产性投资建设。建设企业福利环境工程,就是要逐步改善企业的生产和生活条件,为员工的生产和工作提供一个安全稳定、丰富多彩的生活环境,满足员工物质文化生活的需要。企业福利环境工程建设得好,使员工亲身感受到企业有靠头、有盼头、有奔头,才能强化员工的归属感,激发广大员工的工作热情。建设企业福利环境工程的重点是完善企业的工资制度和奖励机制,完善必要的生活设施,加强劳动保护措施,改善作业环境。

福利环境工程建设主要指企业的各种文化设施、标识等的建设,它们是企业文化建设的物质载体和外在标志。福利环境工程建设的重点是建设和完善教育、科技、文艺、新闻、体育、图书资料等方面的文化设施,把抽象的文化信条、警句"装饰"在环境中,使人们耳濡目染,以满足员工的精神文化需求。

(二)企业文化的制度保证

制度是企业文化理念的重要载体。制度保证在企业文化建设初期是关键性保证措施。企业文化的制度保证是指通过建立和完善企业的组织制度、管理制度、责任制度、民主制度等,使企业所倡导的价值观念和行为方式规范化、制度化,使员工的行为更趋合理化、科学化,从而保证企业文化的形成和巩固。企业文化的建设在各个方面,如企业目标的实现、企业价值观的形成、企业精神的弘扬、企业风尚的保持等,都离不开企业文化的制度保证。企业文化的制度保证包

括以下方面:

1. 企业治理结构及管理组织结构建设

企业治理结构及管理组织结构建设是企业文化建设的组织保证,要依据我国公司法的要求,建立企业治理结构,设置有效的管理组织结构,重视非正式组织的建设,弥补企业正式组织的不足,为各层次的员工发挥聪明才智提供广阔的天地。

2. 企业生产技术和管理制度建设

建立企业生产技术和管理制度既是生产经营的秩序和工作质量与效率的保证措施,也是企业文化建设的重要保证措施,尤其是在文化较弱,即文化未成为引导员工行为的主导力量时,这些制度是载体,对文化起着强化作用。

3. 企业岗位责任制度建设

企业的岗位责任制度是以工作岗位为核心建立的责任制度,它具体规定了每个岗位的职责和权限,是一项基础性制度。企业只有建立、健全岗位责任制度,才能使其他各项生产技术、管理制度更好地贯彻执行,充分调动员工的积极性,保证企业各项工作任务的完成,使企业所倡导的价值观得以体现和贯彻。岗位责任制包括生产工人岗位责任制、专业技术人员和管理人员岗位责任制、领导人员岗位责任制等,各级各类人员的岗位责任制都可以通过制定规范的"任务说明书"的办法加以落实。

4. 企业民主制度建设

优秀的企业文化必然是"以人为中心"的文化,如果不重视员工的民主权利及民主制度建设,企业文化建设就缺乏内在驱动力。企业民主制度建设可以通过召开职工代表大会、董事会、监事会等吸收员工参加管理,加强各类民主小组的建设,提出合理化建议,民主评议领导干部,让员工在本岗位上自主管理并发挥创造性等形式展开。

(三)企业文化的教育保证

企业文化的教育保证是指通过各种培训手段,提高员工的素质(包括政治素质、道德修养、文化水平和业务技术水平等),启发员工的觉悟,开发员工的潜能,使之成为能够承载和建设企业文化的主力军。员工的素质与企业文化的层次呈正相关,很难想象,一个整体素质极其低下的员工群体能够孕育或承载高品位的企业文化。因此,发展企业文化必须有良好的教育保证体系,要始终把搞好员工培训、提高员工素质作为企业的一项战略任务来抓。

(四)企业文化的礼仪保证

企业文化礼仪是指企业在长期的文化活动中所形成的交往行为模式、交往规范性礼节和固定的典礼仪式,礼仪是文化的展示形式,更是重要的文化形式。正像军队礼仪对军人的约束一样,企业文化礼仪规定了在特定文化场合企业成员所应遵守的行为规范、语言规范、着装规范。企业文化礼仪根据不同的文化活动内容,具体规定了活动的规格、规模、场合、程序和气氛。这种礼仪往往有固定的周期性,不同企业的礼仪体现了不同企业文化的个性及传统。企业文化礼仪在企业文化建设中的保证作用主要表现在:

1. 使企业理性上的价值观转化为对其成员行为的约束力量。文化礼仪是价值观的具体外显形式,通过规范文化礼仪,也就使人们潜移默化地接受和认同了企业价值观,文化礼仪客观上成为指导企业各项活动的行为准则。

2. 企业文化礼仪是文化传播最现实的形式。通过文化礼仪,使难解难悟的价值体系、管理哲学等显得通俗易懂,易于理解和接受;同时由于大多数企业文化礼仪生动、活跃,具有趣味性,其中所包含的文化特质更易于在企业全体成员之间进行广泛传播。

3. 企业文化礼仪是企业成员的情感体验和人格体验的最佳形式。在企业各类文化礼仪中,每个企业成员都扮演着一定的角色,他们能够身临其境,受到礼仪活动现场气氛的感染,经历情感体验,产生新的态度。

企业文化礼仪不是企业文化活动中的静态构成,而是在实践中不断补充、丰富和创新的。具有优良传统的企业,其文化礼仪也是丰富多彩的。

企业在创立具有自身特色的上述企业文化礼仪体系时,应赋予各种礼仪以文化灵魂,将企业倡导的价值观渗透其中;重视弘扬企业的优良传统,使用具有价值的文化活动素材,继承企业的传统习惯和做法;认真组织、精心设计企业文化礼仪的场景,善于营造良好的气氛,使员工通过参加礼仪受到感染和教育;积极吸收员工参与创造礼仪,增强礼仪的生命力。只有这样,才能有效地发挥企业文化礼仪在建设、强化、传播企业文化中的积极作用,避免浮于表层,流于形式。

二、完整的企业文化体系系统构建

企业文化理念体系的构建要体现在创新上,而对创新的实现要在忠诚和热爱上下功夫。要忠诚于企业的发展历程,要忠诚于民族文化、地域文化、行业文化(包含国内外)、时代发展潮流、企业的经营宗旨和发展规划。在理念体系的支撑下,还要构建好制度、行为体系和物质传播体系,使得企业文化体系完整,虚实结合,易于落地和深植。

(一)企业文化手册框架

1. 企业简介;

2. 文化标识和释义;

3. 品牌宣传语;

4. 事业篇(包括企业使命、企业愿景、组织氛围、品牌形象、社会责任);

5. 价值理念篇(包括核心价值观、企业精神、经营理念、管理理念、发展理念、市场理念、质量理念、安全理念、服务理念、人才理念、团队理念、品牌理念、廉政理念等);

6. 员工行为规范和礼仪篇(行为规范如企业道德、职业操守、日常工作规范、领导行为规范、管理行为规范、员工行为规范、安全施工行为规范、质量保证行为规范,礼仪规范如仪容仪表、举止言语要求、接打电话、接待、拜访、面对领导、对待下属、同事相处、与会工作、就餐、文明礼貌用语、升旗仪式、招投标商务谈判礼仪、庆典礼仪、上访投诉处理等);

7. 企业荣誉;

8. 企业大事记。

(二)企业文化培训教材框架

1. 企业文化基础知识

企业文化基础知识主要包括企业文化的定义、内涵、作用、建设途径等,其目的是让员工对企业文化有所认识。

2. 企业文化手册的内容

企业文化手册涵盖的主要内容包括企业简介、文化标识和释义、品牌宣传语、领导致辞、事业篇、价值理念篇、员工行为规范和礼仪篇、企业荣誉、企业大事记。

第六章
不同阶段、性质与行业的企业文化建设

第一节　不同阶段企业的文化建设

企业文化建设要具有针对性。阶段不同,企业文化建设是有差异的。有针对性地进行分析,有助于提高企业文化建设的实效性,从而更好地提高企业员工的忠诚度和效率,为企业创造更多的价值。

一、不同阶段企业文化建设的原则

企业文化建设的原则是指企业文化建设所应遵循的准则或准绳。它包括企业文化建设的性质、理论基础、指导思想、价值取向和思想保证等内容。企业文化建设的原则主要是由企业的社会性质决定的,企业的社会性质不同,其文化建设的原则也就不同。中国特色社会主义企业的性质决定了我国企业必须建设中国特色社会主义企业文化,从根本上区别于资本主义企业文化。

(一)基本原则

具有中国特色社会主义企业文化建设所应遵循的基本原则有以下几个方面:

1. 既要具有中国特色,继承中华民族传统文化之精华,也要大胆吸收国外成功企业文化的优点;

2. 尊重市场经济的客观规律,体现时代特征和企业特点;

3. 以员工为主体,以人为本,人是企业管理中最重要的因素;

4. 必须以强有力的思想教育及培训宣传工作为保证。

(二)目标原则

企业文化建设要有其所要达到的目标及标准。企业应根据自身的性质、任务、科技发展程度以及内外环境等特点来设立企业文化建设的目标,企业的目标不能仅仅是财产或技术发展上的目标,还要有为社会和人民创造财富、提供服务、履行其社会责任以及为人类社会谋求利益等崇高目标。每个企业都应有一个明确而崇高的目标,而且更重要的是应该使员工明确他们的工作是与这一崇高目标联系在一起的,使他们感到自己是在为实现企业的目标而努力。这样,他们就会觉得自己的工作有意义并以此为荣,其"自我实现"的需求就可以得到满足。管理者的任务就是把这一有价值的目标传达给员工,激发他们的内在力量。

(三)价值原则

企业价值观是企业文化建设所应遵循的价值导向及价值标准。每个企业都应有一个使全体员工共同信奉的企业价值观,这种价值观是企业文化的核心,并在企业文化诸要素中居于主导地位。不同的企业根据不同的特点,可以有不同的价值观。如有的企业价值观是"创造一流的产品",有的是"提供最优质的服务",有的是"顾客永远是对的",等等。积极、进步的价值观能使员工把维护企业利益、促进企业发展看作最有意义的工作,从而激发出极大的劳动热情和工作主动性,使企业的适应能力和内部协调能力得以加强,并为社会做出贡献。

二、集团企业文化建设的方法

集团企业一般采取集团管控模式进行运营,集团总部功能定位需要强化,部分职能需要加强或弱化,其主要功能体现在:一是战略管理,主要是解决集团整体的发展问题和核心竞争力的培育问题;二是风险控制,主要是解决集团的可持续性问题,提高集团的生存质量;三是运营协调,主要是解决整个集团各业务的协同性问题,通过创造集团独特的综合优势,来实现集团业务的价值最大化;四是职能支持,主要是通过集团总部的职能共享和业务共享来实现集团运作效率的提高,这些职能支持包括人力资源、信息系统、财务系统。

在实行集团化运作的企业中,兼并重组是实现集团化的重要手段,处理好兼并重组企业的文化建设又是令集团企业最为棘手的事。在此以实行兼并重组企业集团的文化建设作为研究对象来展开分析。

(一)文化的融合是兼并企业文化建设亟待解决的首要问题

美国学者弗兰西斯说,你能用钱买到一个人的时间,你能用钱买到劳动,但你不能用钱买到热情,你不能用钱买到主动,你不能用钱买到一个人对事业的追求。而这一切,都可以通过企业文化而争取到。人的最大特点就是认同与抗阻。认同,与管理者合作,企业就能成功,就能取得好的效益;如果不能认同,而是进行反抗,或者说是抗阻,企业就难以成功,也难以取得好的效益。利益与目标会使人认同,但人的自尊又会使人产生抗拒。

(二)企业文化融合管理中的一些基本原则

1. 在合并初期就制定文化融合的策略

以兼并企业的企业文化建设模式为基础和主线,整合被兼并企业的优秀文化因子,根据企业发展战略调整和完善企业文化理念体系和行为规范。这样做的好处是:兼并企业之所以成功,其中得益于企业的文化,有的很可能已经形成了完整的文化体系,企业的员工信奉它;兼并企业的文化标兵可以为被兼并企业的员工树立学习的榜样;减少新文化的形成和建设的难度,使文化融合得以顺利进行。

2. 注重企业的战略及其作用

企业环境在不断地变化和演进:经济一体化和新技术革命导致了全球化竞争环境,产品、服务、技术、资本和劳动可以自由地在世界各国流动,企业竞争已从“追赶性竞争”阶段演变到“淘汰性竞争”阶段。战略必须准确地回答和解决组织目前在哪里,组织要实现的目标是什么,组织如何基于现状,采取必要的手段、措施实现组织目标等基本问题。

(1)企业处于什么状态?包括外部机会与威胁,企业资源、能力,竞争优势与劣势。

(2)企业要发展到什么状态?包括企业发展愿景、企业战略定位、企业目标体系。

(3)怎样才能实现企业目标?包括产业选择与发展、内部管理机制调整、资金财务计划、战略实施规划、战略管理、风险管理。

3. 认可企业战略与企业文化辩证统一、相辅相成

企业战略是从企业全局出发制定的未来经营活动的总规划、总部署,它解决的是企业发展方向的问题,其科学性和可行性直接决定组织未来的发展方向和发展速度。企业战略具有全局性及复杂性、未来性及风险性、系统性及层次性、竞争性及保密性、相对稳定性五大特征。

企业文化是企业员工共同信奉并实践的价值理念和行为准则,它是企业赖以生存和不断成长的沃土。企业价值观是企业文化的基石,是企业对内外部各种事物和资源的价值取向。

企业文化与企业战略辩证统一、相辅相成。一方面,企业战略是企业文化的重要组成单元,有什么样的企业文化,就会产生什么样的企业战略;另一方面,企业文化应该服务于企业战略,企业要创建有利于企业战略实现的优秀企业文化。

(三)文化融合的步骤

社会价值观的变迁使得"利益相关者"这一概念对于现代企业集团来说变得越来越重要,企业对股东、员工、顾客、供应商与销售商、社会团体等各方面负有多重责任。集团企业应该在平衡这些利益相关者的基础上,在资产重组和业务整合的同时,进行企业文化的整合,营造一种氛围、一种状态、一种能够充分提高效率的企业文化。

第一步,承认和明晰利益相关者的权利与利益。集团企业应该承认利益相关者的角色、权利、利益及其对集团的潜在贡献。通过承认和塑造集团企业不同利益相关者的利益,从而营造一种新的关系。

第二步,让利益相关者参与到集团发展中来。在承认利益相关者的权利与利益的基础上,应该让各种利益相关者积极参与到集团发展中来,重要的利益相关者的参与对集团企业的发展是非常重要的。集团下属企业在独立经营自身业务的同时,应该有机会参与到集团总部的战略规划与文化建设中来。

第三步,融合利益相关者的价值观。在集团企业形式下,会有很多不同的企业被放置在一个具有管控能力的集团之下。集团下属的每一个企业都有自己的利益相关者,都有独特的企业文化,而且经常有鲜明的管理风格。有效的授权可以使下属企业自行解决子企业利益相关者的管理问题,但是,在集团利益寻求一致的时候,将不同的子企业整合在一起,需要进行同利益相关者价值观的融合。让每个人都了解他为什么在这个集团里,在这个集团里大家为了共同的利益,应该奉承统一的价值观。

第四步,诊断、评估、分析并描述现有的文化,比较双方文化的异同点,以兼并企业的企业文化建设模式为基础和主线,整合被兼并企业的优秀文化因子,根据企业发展战略调整和完善企业文化理念体系和行为规范。

兼并企业一般都有自己特色的企业文化,并发挥着积极的作用,具有强劲的生命力、凝聚力、感召力。兼并企业由于地位的提升,其职能逐渐向管理决策、统领全局方向转变,具体事务职能随之弱化,企业文化也会逐步转向战略导向型文化。被兼并企业的文化一般消极因素较为突出,在文化融合时应给予剔除,减少由此产生的负面影响。在双方之间建立"桥梁",增进相互之间的了解,提高互相协作能力。为新的文化建立一套基本的机制,包括奖励、认可和考核体系。要有足够的耐心使员工有时间来接受新的企业文化,一般情况下,在未来五年内,不改变已建立起来的企业文化理念体系。

(四)战略导向型企业文化是兼并重组后企业未来文化的建设方向

兼并重组后的企业,随着实力的雄厚和规模的扩大,企业文化受地域文化的影响越来越弱,行业文化、竞争文化、创新文化、人本文化的作用逐步增强。除了自身的母文化,还可能出现具有地域和行业特色的子文化。此时的文化建设也逐步向战略导向型方面转变,从制度管理上升到文化管理。

1. 战略导向型企业文化模型

战略导向型企业文化是指以企业战略为基础,为企业战略服务,围绕企业战略的要求进行企业文化建设,要求战略能够对企业文化起到指导和引导作用。即企业战略导向与文化目标相吻合,企业员工的价值观、行为准则与企业战略目标相协调,促进企业健康、和谐与可持续发展。关键在于企业价值观的塑造,在企业内部确立"人的价值高于物的价值、共同价值高于个人价值、社会价值高于经济价值"的思想意识。

2. 战略导向型企业文化引领企业"二次创业"的战略构想

企业文化既有吸引力也有张力。吸引力一般表现为价值统一,推动企业健康发展;张力一般表现为价值多元化,阻碍企业变革。战略导向型企业文化的作用主要体现在指导、凝聚、激励、约束企业员工,规范企业管理,实现企业战略目标,拓宽企业文化辐射范围。企业上升到文化管理阶段时,企业文化与企业管理真正融为一体,企业就会上升到文化管理境界。当企业发展到一定阶段之后,产业结构、管控模式、人员结构等出现了复杂化,多元价值将不可避免地在企业经营管理过程中出现显性或隐性冲突,随之出现管理和文化共同发展。一般来说,战略导向型企业文化比较适合企业集团,适合作为企业集团的文化建设目标。对企业集团来说,企业文化系统除了要对集团总部的战略管理具有引导作用外,还须对集团内部各独立的文化系统具有调节与融合功能。

3. 未来匹配战略发展的文化理念:规范与践行

企业文化支持并服务于企业发展战略,随着企业发展战略的调整,企业文化理念体系相对应的内容和提法也需要进一步地规范,并转化到企业员工的具体行为上去。

4. 战略导向型文化理念提升方向

(1)创建和谐生态系统

企业是一种生命现象,也是一个生态系统。和谐是生态系统的核心要求,也是企业可持续发展的必然追求。企业强调经济效益,追求利益最大化,同时积极承担自己的社会责任和义务,注重社会效益,讲求"社会公德、职业道德、家庭美德"的和谐发展。

(2)树立发展竞合观念

在科技进步和知识经济时代,企业之间的竞争已不再是单纯的你死我活的问题,而是在追求合作共赢下的理性竞争。企业遵循市场经济内在竞合要求,宏观联合、微观竞争,保障员工利益、满足消费者利益,实现投资者利益,践行国家政策和行业准则,针对具体环境,客观、科学地制定战略规划和业务部署。

(3)构建协作创新机制

创新是一个民族进步的灵魂,是一个国家兴旺发达的不竭动力,更是一个企业基业长青的基石。企业致力于企业核心竞争力的培养,开辟企业创新系统,实现观念创新、机制创新、制度创新和技术创新的协调发展,重点构建决策机制、激励机制、考核机制和人才储备机制的创新模式。

(4)打造人才学习通道

建立学习型组织,树立"全员学习、终身学习、共享学习"的理念。企业视学习为企业生命的源泉。全员学习,是企业战略实现的内在发展要求,终身学习,是企业可持续发展的内在知识要求;共享学习,是企业塑造核心竞争力的内在协作要求。

(五)集团下属企业的企业文化建设

基于集团企业跨行业的多元化企业的特点,在企业文化建设的过程中,要注意母子企业文化建设、不同子企业文化建设的共性与个性的统一。遵循"和而不同"的原则,既要规避"地方割据"的现象,也要防止走入"总部强权"的误区,关键要做到以下几点。

1. 明确一个观点

母企业文化代表集团企业文化，母企业核心理念决定着子企业文化建设的方向和目标。子企业文化必须服从和服务于母企业的战略思路和经营理念，子企业的愿景、核心价值观不能与母企业有冲突。

2. 遵循"三统一"原则以体现文化共性

（1）核心理念统一

母企业的核心理念代表着整个集团的核心理念，母企业的核心理念是集团企业文化的内核。所以，整个集团企业的企业文化建设必须遵循这一核心理念。

（2）行为风格的统一

行为风格是指企业员工行为规范和礼仪准则，是企业员工的职业标准和行为指南，是集团文化共性和企业文化统一性的最直接表现。

（3）企业标识的统一

企业标识是企业对外形象的统一展示和反映，主要包括企业标识、企旗、企歌等内容。企业标识的统一是集团文化共性和母企业文化统一性的最外显表现。不同行业的子企业可以设置一些体现行业特色的标识作为补充。

3. 遵循"三特色"原则以展示文化个性

（1）行业文化特色

行业差别是造成子企业文化不同于母企业文化的主要因素。与母企业行业差别大的子企业，可以建设具有鲜明特色的行业个性子企业文化。

（2）地域文化特色

地域文化是在一定地域范围内，具有共同历史沉淀、生活风俗等特征的文化。地域文化影响着企业文化的形成。子企业文化可以体现其所在地的地域文化特征而区别于母企业。

（3）背景文化特色

企业文化的形成与发展是一个充满能动与主动的培育过程，是全体员工齐心协力建设而成的结果。文化发展脉络、关键成功要素、英雄模范人物、典礼仪式、领导风格、管理模式等背景因素直接促成个性文化的形成。

第二节　不同性质企业的文化建设

一、国有企业文化建设

国有企业大多关系国民经济命脉和国家安全,在建设先进企业文化中发挥示范和主导作用,要为发展社会主义先进文化、全面建成小康社会做出独特重要的贡献。

(一)国有企业文化现阶段建设

进入知识、大数据经济时代,人的作用将成为市场竞争成败的决定因素。除了事业留人、待遇留人,更重要的是文化留人,使人在企业中感受到尊重,实现自己的价值。成功的企业在发展过程中都形成了具有企业自身特色的文化,并通过相应的制度将其保留和继承,成为激励企业不断进步、员工不断进取的巨大精神动力,在企业经营活动中也发挥了无与伦比的作用。国有企业在长期的精神文明建设中积累了宝贵的经验,有必要进一步加强企业文化建设力度,创造更好的环境,以更好地适应未来的市场竞争。

(二)国有企业文化建设的建议

国有企业文化建设是一项长期的系统工程,应将企业文化建设纳入企业战略规划,从领导层开始统一认识,群策群力,并重点做好以下工作。

1. 切实提高领导认识

先进的企业文化,是先进文化的重要组成部分。企业领导应从战略高度认识企业文化建设的重要性和必要性,领导不仅应当成为企业文化建设的积极倡导者,更应成为企业文化的先进代表,用自己的实际行动为员工做出表率,成为企业精神和企业形象的代言人。同时,要认识到企业文化建设不仅与企业经济效益紧密联系,而且对企业的社会形象、长远发展等都有至关重要的影响。要把企业文化建设提升到战略高度,通过企业文化建设培养核心竞争力。

2. 认真进行总体规划

企业文化建设是一项浩大的工程,不可能一蹴而就,因而要做好详细的规划,通过长期的努力和整体的提高逐步实现目标。时间方面,制定长期目标和中期目标,以及分阶段实施的计划;制度方面,着眼于各部门协同和全体员工的努力,规定相应岗位职责,并制定奖惩措施,以制度保证落实;广度方面,专门培训与日常教育紧密结合,涵盖每位员工的一言一行,通过员工的行为展现企业风采,体现文化建设成果;深度方面,研究如何将工作做细做实,做好长期坚持不懈的准备;针对性方面,考虑企业领导、分企业直至一线员工的实际情况,以员工喜闻乐见的形式广泛深入地开展企业文化建设。

3. 努力形成合力

企业文化建设牵涉面广,不仅需要企业中每个职工的积极参与,更需要以下几个部门发挥主导作用,协同努力。

(1)人力资源部

在招聘人员时,企业要以企业文化作为选人的重要依据。招聘时要告知应聘对象企业文化特点,使其明确自己是否与企业文化相适应,对不符合企业文化的人要严把进入关;在提拔干部时也要以企业文化为依据,不仅考察提拔对象为企业创造的效益,更要把团队精神、领导力等与企业文化密切相关的因素作为重要的考评指标,将那些具备较强能力又与企业文化精神相符的人员放到重要岗位上,进一步推动企业文化建设,形成良性循环;在培训时重点突出企业文化精神,使企业文化精神理念等深入人心,使员工真诚地感受到企业文化的存在,从中汲取前进的动力,并转化为员工的自觉行为。

(2)文宣部

在统一规划指导下,综合运用组织形象宣传和内部教育手段,促进员工对企业确立的社会理念、文化观念和价值观的认同,保证员工的个人观念与组织的组织观念相吻合。对自觉以实际行动实践和弘扬企业文化并创造好的经济效益和社会效益的员工,加大正面宣传力度,保证符合企业文化的人得到更多尊重,增强人才的荣誉感,创造人才成长的良好环境。

(3)党建部门

除了正常的党务工作,党建部门应将工作重心转移到企业文化建设上来。党建部门应当成为企业文化建设的主力军,充分发挥党组织的战斗力和凝聚力。以企业精神为主线,教育党员在树立企业形象、争当先进文化的代表方面发挥先锋模范作用,发挥党支部在企业文化建设中的战斗堡垒作用和桥梁作用。

（4）工会

企业文化建设也离不开工会的努力，具体应该从以下几个方面着手：一是将工会原有职能整合到企业文化建设中，如发挥职工的主人翁精神，引导职工开展技术创新活动等；二是努力成为职工的贴心人、企业的桥梁，维护职工的正当权益，增强企业凝聚力，弘扬企业以人为本的文化精神，树立企业对社会负责的良好形象；三是要经常以企业精神为主题，组织开展各种各样的主题活动，如专题报告会、演讲会、联谊会、知识竞赛、文体活动比赛、产品质量分析会等活动，通过这些有效形式，引导员工领悟企业精神，并转化为自觉行动。

4. 全面推进企业文化体系建设

企业文化建设是一个系统工程。精神文化、制度文化、行为文化和物质文化是企业文化建设的四个基本内容，这四个方面相辅相成，互为补充，四者的有机统一构成企业文化的完善体系。在实践中，我们要遵循企业管理和文化建设的内在规律，按照"以人为本，促进和谐；支撑战略，引领发展；立足实践，指导实践；传承创新，持续优化；突出特色，注重实效；领导带头，全员参与"的六条原则，全面推进企业精神文化、制度文化、行为文化和物质文化四个层次的建设。在价值理念及行为文化上，企业应赋予新的文化内涵，融入时代特点，形成企业与其他企业相区别的独特之处，使员工进一步从企业文化上认同企业，可以进一步增强企业凝聚力，展现新的精神面貌和行为举止，从而形成强大的文化力。

二、央企的企业文化和品牌建设

央企集团化的企业，随着实力的雄厚和规模的扩大，企业文化受地域文化的影响也会越来越弱，统领文化、融合文化、规则文化、创新文化、人本文化的作用逐步增强。除了自身的母文化，还可能出现具有地域和行业特色的子文化。此时的母文化建设主要以战略导向型为主，实现文化管理的意愿也被提升到企业的战略高度上来。

（一）战略导向型企业文化需要坚守的价值理念

随着企业格局和影响力的扩大，企业文化的意境也要有一定的高度，并且更加注重社会责任。为此，央企的企业文化价值理念中要体现以下因素。

1. 创建和谐生态系统

央企作为国民经济的一种组织形态，也是一个生态系统。和谐是生态系统的核心要求,也是央企可持续发展的必然追求。

央企在强调经济效益、追求利润的同时,也要积极承担自己的社会责任和义务,高度注重社会效益,并且与周边的环境和谐共生。

2. 树立合作共赢的发展观念

在科技进步和知识经济时代,企业之间的竞争更多是在追求合作共赢的理性下进行的。央企承担着政治、经济和社会责任,在遵循市场经济内在竞合的要求下,需要宏观联合、微观竞争,保障员工利益、满足消费者利益,实现投资者利益,践行国家政策和行业准则,并且起到率先垂范的作用。

3. 构建协作创新机制

创新是一个企业基业长青的基石。企业要致力于企业核心竞争力的培养,开辟企业创新系统,实现观念创新、模式创新、机制创新、制度创新和技术创新的协调发展,尤其要重点构建决策机制、激励机制、考核机制和人才储备及培育机制的创新,实现在创新中寻求突破和创效。

4. 打造学习型组织

企业成员要树立"全员学习、终身学习、共享学习"观念,致力打造学习型组织。企业要让员工认识到:全员学习是企业战略实现的内在发展要求;终身学习是企业可持续发展的内在知识要求;共享学习是企业塑造核心竞争力的内在协作要求。员工认识到这些,就会积极主动地配合学习、自发学习,从而实现员工与企业发展共同进步的良好局面。

(二)央企品牌建设的步骤

创建品牌文化是每一个品牌战略的核心使命,创建品牌文化的流程一般有以下几个步骤。

1. 整合、提炼品牌文化资源

企业应该确定可以使用的各种文化资源,包括内外部的各种文化资源,根据品牌定位筛选与品牌定位相关的各种文化因素。外部文化资源主要是指品牌本身的一些资源,如企业名称(字号),这是企业无形资产中商誉的主要载体。内部文化资源是指可以反映并影响品牌定位的各种文化因素,在企业文化因素的整合下确保内外部文化的一致性。

2. 建立品牌文化体系

在收集和整合内外部的各种文化资源之后,企业根据品牌战略定位,对各种文化因素进行提炼和归位,确定品牌的价值体系可以使得内外部的文化价值能够高度一致。由于对不同的客户以及同一客户的不同产品会有不同定位的品牌文化,因此企业品牌内涵及其价值包含对客户的承诺、品牌附加值等因素。品牌文化定位要考虑以下几个因素:确定品牌文化范围、确定品牌文化个性、确定品牌文化价值、确定客户群体以及评估、提升客户关系。

3.建立品牌文化管理体系

品牌文化管理体系包括品牌内部文化管理体系和外部文化管理两个体系。品牌内部文化管理体系指的是如何针对品牌文化的定位,使公司内部的全体成员从认识上进行高度一致的协同,通过各种管理的行为,包括现场管理、服务意识、营销体系等全过程进行品牌协同,也就是身心一致。

4.打造核心竞争力

企业,无论何种性质,盈利都是其生存和发展的根本,而行走市场则如逆水行舟,放松核心竞争力的构建,没有盈利能力的提升,缺乏企业效益的改善,慢于行业发展的平均速度,必然会被勇猛的后来者赶超。中国企业正在面临着转型升级的全新机遇和挑战,而核心竞争力的创建正是构建百年品牌的根本。

5.做好品牌管理工作

品牌管理是一个复杂的、科学的过程。没有好的品牌管理战略,品牌是无法成长的。很多品牌只靠花掉大量的资金做广告来增加客户资源,但由于不知道品牌管理的科学过程,在有了知名度后,不再关注客户需求的变化,不能提供承诺的一流服务,将导致客户转而使用其他品牌的产品,致使花掉大把的钱得到的品牌效应昙花一现。所以,品牌管理的重点是对品牌的维持。

三、民营企业文化建设

企业经营成功与否,取决于很多因素,如决策、市场、营销、管理、资金、人才等,从某种意义上来说,所有的这些根源都在于企业文化。以下就企业成长过程中的几个阶段的企业文化建设及其对策作浅显的分析,以期能对企业文化建设有所启迪。

(一)导入期

在激烈的市场竞争中艰难成长起来的民营企业,导入期的重点在于关注自身生存和市场情况,对内部规范管理顾及不到,容易产生一切以"挣钱"为导向的文化氛围。在面对极大的生存压力时,企业往往容易失去正确的价值判断能力,将追求利润的目标绝对化,目光短浅,甚至铤而走险,做出违法的行为,以致将辛苦创业打下的江山毁于一旦,甚是遗憾。

这就需要企业主具有坚定的信念,以企业主的气魄和对企业美好前景的描绘来带动员工;注意及时纠正短期行为;管理上以亲情为主,注重"人性化";注意克服传统文化中的宗法观念而导致的在企业中产生的关系网、派性等问题。

导入期的企业主应带领全体员工亲力亲为,以亲情纽带维系,上下同欲,初步形成团结互助、力争上游的企业文化特色。同时,企业要抓住市场机遇,发挥区域经营之优势,使业务蒸蒸日上,企业定会呈现出良好的发展势头。

(二)成长期

企业步入成长期后,整体发展势头良好。随着各项工作的顺利进行,到了企业文化建设的成长期,此时企业被成功的光环围绕,容易被暂时的胜利冲昏头脑,应克服盲目自大等弊端。

企业文化建设应特别强调精神层次的升华、制度层次的完善、物质层次的更新等。考虑长远规划,企业应该注意可持续发展:一是要进一步夯实管理基础,为下一阶段发展奠定基础;二是克服企业文化建设中的弱点,如学习不够,理念滞后;三是任人唯贤而不能唯亲;四是视发展为唯一目标;等等。

在成长期,企业需要从以下几个方面着手:一是要根据企业发展情况,结合市场趋势,重新调整规划战略,整合资源;二是在经营管理中强调创新精神,积极做好产品更新换代等工作;三是抓紧抓好内部管理,特别是要加强人力资源工作,协调处理好各种关系。

(三)成熟期和转型期

在成熟期,企业文化基本定型。企业处于继续发展或转型的关键时刻。如何"增创新优势,更上一层楼"成了摆在企业面前的重要课题。

在转型期,企业可采取变革的办法,在保留原有优秀文化的基础上,不断发展。具体来说,就是重塑企业文化,即系统地建设企业文化,建设富有个性的企业文化,企业文化建设于企业经营活动之中,等等。企业主要加快向企业家转型的步伐,同时也要考虑接班人的问题。在经营中做好市场的细分工作等。商场如战场,企业文化要胜敌于无形,以无形文化创造有形价值。

四、合资企业文化建设

合资企业是不同国家、民族、社会制度的文化融合在一起的经济实体。如何将这些性质各异的文化、观念、习惯融合成为推动生产力发展的互补型企业文化,是我国在利用外资实践中提出的一个崭新课题。

(一)合资企业文化冲突

著名的比较管理学专家、荷兰文化协作研究所所长霍夫斯坦特将文化定义为"在一个环境中的人的'共同的心理程序'"。他认为,文化不是一种个体特征,而是具有相同的教育和生活经验的许多人所共有的心理程序。不同的群体、地域或国家的程序互有差异,这是因为它们的"心理程序"是在多年的生活、工作、教育下形成的,具有不同的思维。可见,文化是一个群体在价值观念、信仰、态度、行为准则、风俗习惯等方面所表现出来的区别于另一群体的显著特征。正是这种文化在群体上的差异性导致了跨国经营中的文化冲突。

对一些合资企业的调查表明,由于文化差异的存在,双方在交流与合作中常存在以下问题:

1.对双方的政治、经济、法律,尤其是社会文化环境缺乏足够的了解,文化敏感性差,双方往往依据自身的文化对来自对方的信息做出分析和判断,从而产生了不少误解和冲突。

2.对对方的企业文化及管理方式缺乏了解,或完全照搬外方模式造成"水土不服"现象;或双方各持己见,互不相让,造成"双重指挥系统"现象。

3.双方对合作中可能出现的困难的程度没有足够的思想准备,文化适应能力、解决文化冲突的技能都较差,同时未能建立起相互信任和理解的协调机制。

4.由于语言上的障碍,严重影响了双方的准确交流,加之翻译的水平还不尽如人意,因而造成了许多误解。

(二)合资企业文化建设

合资企业要获得健康发展,双方就必须重视彼此间的文化差异,并采取切实可行的措施解决好文化差异问题,至少中外合资企业要做到以下几点:

1.塑造良好的企业形象

企业文化结构表层的形象是企业的无形资产,它通过各种方式,将企业宗旨、职工素质、产品质量、经营规模、服务特色以及企业标识等传播给客户和社会公众。作为合资企业,就要塑造一种形神俱佳的企业形象,以获取企业通往国际市场的"金护照"。

2. 树立"以人为本"的价值观念

"以人为本"的思想观念,是将管理对象从以物为中心转向以人为中心,把尊重人、爱护人、关心人作为基本出发点,即尊重人的价值、爱护人的成长、关心人的生活,从而把职工中分散各异的利益和价值取向统一到企业整体的利益和价值标准上来。合资企业在培养和建设企业文化的过程中,应特别注重"以人为本"的核心管理。企业文化建设必须十分关注人的志趣,尊重人的价值和尊严,满足员工物质和精神的需要,从而充分发挥员工的积极性和创造性,使企业充满活力和希望。

3. 培育勇于进取的企业精神

企业精神是企业赖以生存的精神支柱,是企业内部凝聚力和向心力的有机结合体,是"企业之魂"。因此,培育、创造企业精神是合资企业文化建设的核心。企业精神不能千篇一律,但合资企业的企业精神应该倡导这样几种共性的精神,即艰苦奋斗的创业精神、共事合作的团结精神、务求实效的开拓精神和强化约束的自觉精神。

五、外资企业文化建设

外商投资企业进入投资国将面对着三种文化:自己国家的文化、目标市场国家的文化、企业的文化。其关键在于融合,只有实现不同文化的融合,才能不断发展。此外,良好的外部环境对企业文化建设十分重要,包括厚实的文化积淀、淳朴的民风、良好的社会治安、完善的城市基础设施、优惠的政策、健全的法律法规、廉洁高效的政府等都直接或间接地影响外来企业在华发展。

外资企业的企业文化大都体现了"以人为本"和"以科技为本"的管理理念。现代管理实践使我们相信,对人有效管理的关键在于人力资源体系的开发利用。企业文化建设并不是一种随意性的文化活动,同样要制定科学规划,把员工生涯规划与企业规划结合起来。国内的一些企业可以借鉴外资企业的一些好的做法,在建立优秀企业文化时要有效地做好以下工作。

(一)寻找培养高素质的领导者

领导者的素质对于一个企业是至关重要的。领头羊对于员工的榜样作用是非常关键的。企业领导的任务是在企业组织内部培养和灌输一种清晰的价值观、目标感,创造激动人心的工作氛围。

(二)规划并沟通企业成功路线

企业的发展计划就是一张成功导向图,根据企业的远景规划,在图中可以标明企业目前的起点,确立企业的发展目标和计划达到目标的方式。计划可以把愿景变成现实。

(三)创造承诺文化

人力资源部帮助企业内部建立起良好的"契约"文化,使每个员工都把自己的工作做好,每个流程、每次作业、每位致力满足顾客要求的人每一次都做到最低成本。

(四)授权团队走向成功

企业需要员工有责任心和信心。员工只有感到企业重视、尊敬和信赖他们,感到自己是企业中的一员,才会有信心和责任感。每个企业都是由人组成的,企业文化也必须由员工来维持和传播。因此,良好的企业文化必须是关心人、尊敬人、发展人。

第三节　不同行业企业的文化建设

一、商业银行的企业文化建设

商业银行作为市场经济的一大市场主体,营造积极向上的企业文化,既有利于自身的发展,也符合时代企业进行文化管理的潮流。作为经济的核心部门,银行业理应在企业文化建设方面起着领跑作用。建设中国银行特色的企业文化可以从以下几个方面着手。

(一)加强领导

为了给企业文化建设提供组织保证,商业银行必须加强领导,具体从以下几个方面着手:

1.必须把企业文化建设作为商业银行企业发展战略的重要组成部分来探究和实施。

2.将企业文化建设与年终考核、等级行政管理以及干部的晋级、提升等有机联系起来,使企业文化建设真正落到实处。

3.建设企业文化是一项长远的战略任务,必须有重点、分层次,结合实际逐步推进。可根据企业长远发展战略目标,设计企业文化发展的模式框架,有步骤、有组织地推进。

4.总行企业文化建设方案拟定后,各地可根据本行实际情况予以补充完善,做到首尾呼应。

5.成立专门机构,成立企业文化建设推广中心,设立各部门负责人组成的联席会议制度,对企业文化建设实施有效的领导和协调。

6.企业文化建设往往有一个调研、分析、摸索、提高的过程,应发挥先进典型的引领作用,以此培养员工的价值观。

(二)坚持"以人为本"

企业文化是一种重视人、以人为中心的企业管理方式,建立先进的企业文化,就是要把管理的重心放在人这个基础之上,坚持把"以人为本"的思路贯穿于文化建设的全过程,尊重人、理解人、关心人、爱护人,最大限度地调动员工的积极性。只有这样,企业文化建设才能沿着健康的轨道发展。

1.重视员工的满意度

对组织而言,员工的满意度是一个非常重要、很关键的问题。组织应积极地重视员工的工作满意度,并以积极乐观的态度对待其员工队伍。对组织而言,良好的员工满意度可以确保持续、稳定和成功的工作,并创造独特的企业文化。组织领导者们应积极关注员工满意度这一关键因素,并以积极态度对待这一因素。满意的员工会把满意的心情带到工作中去,从而实现满意的绩效。

2.重视员工的职业生涯设计和规划

企业要为员工的前途着想,才能体现企业"以人为本"的指导思想。在银行有三种职业前途可选择:管理型、专业型和操作型。而每一种职业还有不同的等级。每一位员工跨入银行的大门时,他都会被告知:他可能会有什么样的职业前途,而通过他的努力,在若干年后,他又会达到什么样的职位,这样,才能让每一位员工都能有一个奋斗的目标,激发其努力实现人生价值。

3. 重视教育培训

在培训方式、培训内容方面,商业银行可分层进行:

(1)对于领导干部层,要着重对政策、形势分析、管理艺术、国际同业先进的经营理念等方面进行培训,帮助其掌握主流趋势;

(2)对于客户经理层,要重视对资讯汇集、营销学、投资理财、金融政策和法规的掌握以及银行新业务、新产品的了解和认识等;

(3)对于普通员工层,要着重了解银行现阶段的发展状况及未来的发展方向、需努力的目标,学习现代金融工具和电子商务的应用、发展,银行资产负债比例管理的目标体系及财务报表的编制及分析等,努力打造"金牌"员工。

(三)坚持与时俱进

为了凸显商业银行企业文化建设的自身特色,必须坚持与时俱进,具体可以从以下几个方面着手:

1. 加强战略创新、观念创新、产品创新、服务创新、管理创新、手段创新等,着力塑造银行的管理文化、信贷文化、产品文化、营销文化、服务文化、形象文化等企业文化体系。

2. 选择有效载体,诸如图书室、联谊会、展览厅、表彰大会、演讲比赛、庆典活动、新产品展示会等,都可作为企业文化建设的载体。

3. 打造新形势下商业银行的经营理念,以凝练的语言、生动的形象表达出有个性的银行经营理念。

(四)坚持规范经营

为了构筑严密的制度文化,商业银行必须坚持规范经营,具体可以从以下几个方面着手:

1. 建立科学的人事管理和考核激励机制,营造重知识、重人才、重业绩的用人环境,真正做到干部能上能下、人员能进能出、待遇能高能低。

2. 建立以内部审计和社会审计相结合的监督机制,进一步规范经营管理。

3. 建立职工收入由劳动力市场供求关系、劳动生产率增长情况及银行经营情况来决定、绩效挂钩的分配机制,充分发挥工资的激励作用。要围绕人本、诚信、创新三个方面打造企业文化,将个人追求与整个企业的追求紧密联系在一起,与企业的成长挂钩,而不是单纯得与绩效挂钩。

（五）以导入形象标识为突破口

企业形象对于银行来说，作用远远超过了银行本身的有形资产，谁的形象好，谁就抢占了市场竞争的先机。

总之，我国的商业银行文化建设要体现在体系的完整和品牌塑造上，把人本文化、服务文化、风险防控文化和品牌文化作为重点来抓，凸显行业文化特色。

二、电力企业的企业文化建设

中国电力要创造世界一流，归根结底需要广大职工的主观能动性。如何充分发挥好电力企业全体职工的主观能动性，需要充分发挥企业文化的作用。因此，电力企业要致力于打造系统的、深层的、人性化的企业文化，从而使中国电力尽快进入世界电力先进行列。

（一）电力行业的特征对企业文化的影响

安全是电力行业的基石。"安全第一，预防为主，以人为本"是基本工作方针；"安全是第一责任，安全是第一工作，安全是第一效益"是电力企业安全生产、安全管理的体现。

目前发电主要以水电、火电为主。对于水电，抢占电源点是发展的关键，电源点即资源。对于火电，拥有煤炭资源已经成为电力企业产业链向上延伸的战略点。国家对可持续发展、对资源的利用提出了更高的要求。

随着竞争局面的形成和电力市场的运行，电力行业将成为一个微利行业，一方面电价受到严格控制，另一方面煤价上涨，成本的控制成为管理中的重要环节，挖掘内部潜力是提高企业利润的一个重要方面。

科技是第一生产力在电力行业得以体现，如华电集团成立了"动力技术研究中心"和"电力和热控技术研究中心"，建立起科技创新的平台。

（二）电力行业企业文化建设的标准

电力行业要想建设企业文化，必须遵守以下建设标准：

1. 企业文化融入发展战略，清晰表明使命、愿景及竞争制胜的独特追求和方式；

2. 具有国际化的视野和目标；

3. 价值观和企业精神通常强调人本、绩效、责任、诚信、创新；

4. 人才理念是价值观的重要组成部分；

5.经营管理理念阐述假设的管理风格,作为企业固化的制度、流程之外的判断标准;

6.注重社会价值表述及独特的伦理价值观念。

三、钢铁企业的企业文化建设

要想做好企业文化,首先应探讨钢铁企业共同的理念体系和行为准则,这样做的好处是,有利于在企业经营和发展的具体行为方式方面达成共识,产生较浅层次文化对深层次文化的影响,从而提高中国钢铁企业整体的核心竞争力。

(一)从思想观念上融入国际

中国经济体制发生了根本性变化,国家经济总体实力迅速提高。但是,由于我们相对较快地获得了进一步发展的外部空间,很多钢铁企业在壮大之后,还未能在观念上完全与世界接轨。面对错综复杂的国际、国内市场,众多钢铁企业在经营方式和管理模式等方面表现出明显的不适应,从而影响着全行业的发展,一方面,钢铁行业连续多年钢产量位居世界第一;另一方面,钢铁行业继续存在着产业布局不合理、产品结构不均衡、总体产能过剩等问题,真正具备国际竞争力的大企业很少,企业管理水平与世界先进水平差距较大。

(二)靠企业的自身发展来"谋势"

做企业最重要的莫过于着眼发展,重视和善于"谋势"。"谋"要针对"势"而为之,而势就是市场竞争中的大势、趋势、走势等。激烈的竞争环境,既有千变万化的景象,也反映出一定的规律性,成功只属于多谋善断者。

(三)实现"经营明市"的效果

如果说"发展谋势"是要解决"做正确的事"的战略问题,那么"经营明市"则是市场竞争战术层面的行为准则,是企业"正确地做事"的战术行为。钢铁企业的主要职能和基本任务在于生产环节要根据市场的需要制造钢铁产品,在流通领域内完成商品与货币的交换。在甄别需求、完成交换的过程中,要求全体员工养成"经营明市"的行为。通过对自己企业、产品、经销商以及最终用户的认识和了解,形成一整套服务不同市场区域的经营方略,建立健全独特的销售网络体系,为企业快速健康发展提供市场保证。

钢铁企业"经营明市"行为准则的确立,必须依附于共同的价值观。我们的历史使命是打造中国强大的钢铁工业,这就决定了钢铁企业的市场方向:产品充分满足国内经济健康发展需要,并能以较大的比较优势占领相当的国际市场份额。

(四)管理要体现科学性

企业各项管理要远离似是而非的行为。管理上的似是而非,首先表现为先进管理理论与方法应用的浮躁性,其次表现为先进管理理论与方法执行的表面化。

加入世界贸易组织以来,中国钢铁行业基本完成了以填补市场空白为标志的量的积累阶段,进入以企业转型和提升竞争力为核心任务的质的提高阶段,不过,由于受发展基础和发展环境的制约,不少钢铁企业在后半程的前进速度逐渐放缓。近几年来,我国的国民经济快速发展,在巨大需求的刺激下,许多钢铁企业通过积极引进,工艺装备较快地达到了世界先进水平,而管理现代化却与世界先进水平差距较大。

站在新的起点上,钢铁企业必须实现工艺技术装备与管理的同步现代化,通过管理创新、科技创新直至制度创新,全面提高企业管理水平,不断提升员工的管理素质,才能实现全行业的可持续发展。

(五)追求经济效益

良好而又实实在在的经济效益,是钢铁工业强大的一种体现,更是钢铁工业化强大的有力支撑。因此,钢铁企业的企业文化建设的基本任务之一,就是要自觉地形成"效益求是"的行为准则。

在市场经济中,企业形成"效益求是"的行为准则并非易事。其主要原因:一是经理人在处理"委托—代理"关系时,往往存在"效益不实"的行为和现象,这在企业制度已经推行上百年的西方大企业中也屡见不鲜;二是企业对效益的产生范畴和形成控制缺乏足够的理论指导与执行监督。

显然,实现"效益求是"既是企业的管理行为,更是企业管理的目标。在市场经济中,企业成为市场主体和竞争主体,无论做出资本规模扩张还是资本质量改变的努力,都期望获得良好的经济效益。由于钢铁企业是一个会计主体,企业经营的盈亏核算完全由自己完成,经济效益的真实性将主要取决于企业领导者的水平和意愿,取决于企业财会人员素质、财务管理水平和会计核算基础。如果企业经济效益不真实,会计信息有缺陷,就会误导企业做出错误的决策,影响企业所提出的做大、做强的目标。因此,钢铁企业要高度重视"效益求是"行为准则的重要性。

第七章
互联网时代企业文化的创新发展

第一节　互联网时代企业文化的"新常态"

随着"互联网+"的兴起,越来越多的实体、个人、设备都连接在了一起,互联网已不再仅仅是虚拟经济,而是主体经济社会不可分割的一部分。经济社会的每一个细胞都需要与互联网相连,互联网与万物共生共存,这已经成为大趋势。在万物互联和个体价值崛起的时代,商业的经营和企业的发展正面临着更为快速创变的机会和不确定的环境。

一、互联网时代的企业发展特征

(一)互联为魂

"互联为魂"是指互联网商业源自互联网内在基因所具有的"三互"特征,即"互联、互享、互动"。全体商业经营体及其人员通过互联网相互联通,可以即时快速地相互联系,随时随地开展工作,办理业务,这将空前地提高交易频率和交易效率。借助于互联网技术的普及,所有的商业主体可以方便、快捷、低成本地分享各种商业信息,比如产品信息、价格信息、用户特征信息、商家信息、产地信息、产品知识信息等。通过相互共享,消费者与厂商、供应商与厂商、厂商与社会、企业主与员工之间的商业或经营关系具有了无限的可能性,这也就是互联网企业常说的"颠覆式创新"的来源。互联网时代全网的互联和共享,让一切商业主体之间的互动行为变得司空见惯。从计算机互联发展到移动互联过程中,消费者之间、消费者与商家、消费者与厂商之间的互动变得极为活跃,一场由顾客主导的商业革命正在发生——顾客与厂商共同创造价值的现象正在发生。

(二)用户为王

经营企业要以用户为中心,互联网是实现以用户为中心的最好路径。在互联网上,企业与用户的距离最近,沟通所用的时间最短,任何时间与地点都能与用户沟通信息,以最快的速度满足用户的需求。以用户为中心,要求企业与用户互动,企业通过与用户互动,发现需求的"痛点"所在,特别要强化用户体验,培养用户的口碑和黏性,做到无互动不商务,无体验不商务。另外,用户创造价值,即用户要参与产品的价值创造,企业通过迭代方式,使用户参与产品研发设计和生产经营,以适应产品定制化与服务个性化的用户需求。

(三)数据为源

大数据时代已经到来,互联网被应用于众多行业,每时每刻都在产生海量数据。大数据遵循新的摩尔定律,呈现指数级的大爆发增长。大数据是 21 世纪的战略资源,也是各行各业宝贵的知识财富。数据的作用巨大,依据数据可以进行科学的决策、精准的市场预测、精细的经营管理,实施远程监控以及进行数据模拟等;数据驱动业务具有极大的商业价值和社会价值。

在互联网时代,商业经营环境的变化必然导致企业增长逻辑的改变。工业化社会商业增长的基本逻辑是依靠成本和规模,特别是依赖规模所创造的成长与增长,即依靠资本规模、员工规模、生产规模、市场规模、订单规模来驱动增长,依靠不断的线性增长在行业竞争中占有一个有利位势。但是规模增长有一个最大的缺陷,就是规模跟顾客没有关系。

但在互联网时代,由顾客来驱动企业发展,由顾客与企业通过不断创新来驱动增长正在成为一种新常态。真正影响企业持续增长的不是策略目标,不是产能,不是资金,而是专注、集中焦点为顾客创造价值的力量。互联网带来的最大变化是信息对称,无论做什么样的产业和企业,都必须回归顾客价值。如果企业不能将自己的战略重点放在顾客价值这一端,一定会被顾客淘汰。互联网时代的增长不是一种线性增长逻辑,而是一种非连续的量级增长逻辑,这一点在从消费互联网向产业互联网转变时最为明显。通过价值创新、客户为上、极致产品、服务为王、共生经济,企业一定能获得量级增长效应。

二、社会互联对组织文化的影响

在当今时代,互联网及其相关的信息技术正在从全领域、全时空改变着人类社会。从商业组织来看,这种改变不仅影响了商业模式的创新发展,而且也正在改变着组织的形态。相比传统的科层式组织,互联网时代的组织形态正在向着一种"有组织无结构"的方向进发。所谓有组织无结构就是指企业应当适应互联环境的技术、竞争、人员和文化的要求,建立一种具有持续动态活性而无刚性结构的组织。这种组织像水一样具有充分的柔性、韧性和活性。

这种互联网时代的组织有以下四个特征:

(一)柔性化

一个具有柔性的组织,应该是一个反应灵敏、迅速且能满足不同组织发展需求的组织,具体包括能及时更新的设备和技术柔性、善于学习与适应的员工柔性、信息通畅的结构柔性以及开放和包容的文化柔性。

(二)边界模糊

互联网时代的客户追求个性化、多样化,快速多变的市场要求企业能够捕捉市场变化,而这种能力单靠企业自身无法独自实现,互联的技术条件与社交特征让组织打破封闭的内部与外部壁垒,加强与其他组织的互联互通成为必然。

(三)组织活性

组织活性指的是在现有的组织内外环境下,组织自我生存和自我发展的生命力。一个有活力的组织,其成员也都具有活力。组织活力的作用是让组织不管处在什么环境下,都能保持成员的激情,通过不断地改革与创新保持组织的竞争优势,使之持续快速地增长。

(四)共生性

个体价值崛起的时代,组织对个体的依赖性超过了个体对组织的依赖性。有组织无结构的组织形态有助于建立组织内外部之间的个体的共生关系,使个体之间、个体与组织之间在价值、利益与精神体验之间建立一种协作和协同联系,激发个体创造与众创的激情与能力,让企业有足够的能力和活力应对不确定性。

有组织无结构所体现的是互联网社会中企业组织适应和变革的一种趋势。进一步说,互联网时代社会互联特性、商业模式、组织形态、员工个性的变化等,也必然对企业文化的形成与塑造带来新的影响。根据当前已有的成果,互联网对企业文化建设与发展的影响可以归纳为如下几个方面。

1.传统领导和威权管理面临着越来越大的挑战,自律组织将会越来越成为文化管理最为常态的单元。互联网造成的组织层级大幅压缩、管理零距离等都直接导致权力距离指数越来越低,传统领导和威权管理面临着越来越大的挑战,如何面对互联网的新生代构建更加合适的模式将是一个重大课题。此外,互联网赋予个体更多的可能性,导致个体相对于群体越来越重要,群体面临着日益分化:大的群体小型化,实体组织虚拟化,自组织将会越来越成为文化管理最为常态的单元。

2. 基于个性化需求的管理将逐渐替代传统的控制式管理。互联网必将影响企业管理行为和员工职业行为,企业将适应互联网环境的变化,更多使用引导和激励手段进行管理,而不是用传统的控制手段进行管理;互联网时代的新生代更加容易接受以自由和民主为主要管理手段的组织氛围,威权管理将日渐式微;尊重个性、吸纳个性,深度分析和把握不同代际的人员需求,基于个性化需求的人力资源管理必然是未来企业管理的一个十分重要的方向。

3. 企业文化的社会化、开放性程度大幅提高。在互联网环境下,企业必须改变相对封闭的状态,与社会的文化交流沟通更加紧密,受到社会文化的影响更大。一方面,企业处于动态竞争状态,文化也处于不断的动态调整中;企业经营开始跨界,文化也在跨界。社会先进文化的标准逐渐成为企业文化的评价标准,企业社会责任感与员工社会责任感逐渐由"外加"文化演变为"内生"文化。另一方面,伴随着互联网对生产流程的颠覆和消费者主体地位的提高,要改变关起门来建设企业文化的做法,将传统文化建设的物理空间延伸至整个供应链、价值链的各个环节,吸收用户、供应商乃至社会参与企业文化建设,并直接分享企业文化成果。

4. 从强调核心价值观到强调价值观体系。为什么要强调价值观体系呢?以前核心价值观就是强调客户、强调创新,真正在企业里对关键绩效起决定作用的是不同层面,甚至是很细小的观念和行为。在为客户服务的流程制度中,那些细小的价值观起着很重要的作用,像京东的无条件退货政策。这样的价值观上升不到企业核心价值观的层次,却是企业关键绩效的来源。

三、互联网时代的企业文化轮廓

(一)企业文化跨界嵌入成为常态

在传统上,人们所指的企业文化,通常是某某企业的企业文化,表示企业文化是该企业长期经营的成果,其要统合的对象基本上是本企业包括子企业的全体员工。企业文化的时空边界基本上以企业法人边界来框定,其辐射的范围将因企业的能力、业务特点、影响力而涵盖部分客户、社区和公众,但其影响力基本可以忽略不计。但在互联网时代,企业文化无论是从行动塑造、体系构建、文化变革,还是从文化传播、行动落地而言,都不会是企业个体化行为,而是以企业个体为主导的社会化行为。换句话说,企业文化跨越组织边界,嵌入泛商业和社会生活,将成为企业文化提炼、建设和传播的"新常态"。这一点对于那些与社会生活、公众联系广泛的产业和企业,比如文化行业、快消品产业、食品行业、消费电子业、以金融为代表的服务业,将会更加明显。其主要原因在于:互联网技术的传播特性使生产者和使用者可以更加便利、及时、透明地获取对方或第三方的信息;越来越多的企业需要或可以借助用户和公众来开展研发创新、精准生产;为了更好地获得产品市场响应力,更高效地组织生产,企业需要建立或主动加入"去中心化"的生产者联盟、研发设计者联盟、技术专利联盟等。这意味着企业将深度嵌入泛商业系统和社会生活中,需要经常性、及时性地参与或组织商业社群,融入商业和社会生态圈中。

(二)平等、共享和共赢是"互联网+"企业文化的基本风格

在互联网时代,每个人都可以拥有自媒体,能够更便利、即时地影响自己的朋友圈;互联网时代的员工其成长经历、教育经历、工作场景都更加自主,强调和追求自主与平等;每个管理主体的资源和利益都可以在线上及线下更加快捷地切换;互联网的技术和社会特性使各种有形与无形资源的流动变得更加频繁、便利及不确定……这些个体、群体和环境的新特性,要求新时代的企业文化不能再以等级控制、级差分配、个人英雄、领导权威、单向沟通等作为企业文化的"背景色"或价值观,否则,企业文化无论外表有多美,执行有多棒,它最终都会内失员工,外丢客户。

(三)用户文化是"互联网+"企业文化的关键节点

互联网打破了信息的不对称性,使信息更加透明化,使用户获得更大的话语权。在新的形势下,要求企业在更高层面上实现"以客户为中心",不是简单地听取客户需求、解决客户的问题,更重要的是让客户参与到商业链条的每一个环节中,从需求收集、产品构思到产品设计、研发、测试、生产、营销和服务等,汇集用户的智慧,这样企业才能和用户共同赢得未来。

可以毫不夸张地说,"互联网+"的经营文化核心是用户文化,产品设计、极致用户体验和口碑传播等都离不开用户的参与。但用户参与并不是简单地建设社区和论坛,而需要整个企业的经营文化、管理模式、研发模式、技术架构等都适应这种互联网的商业经营业态。简而言之,企业的经营文化应当以互联网的全连接和零距离的基本特征为起点,重构商业模式、营销模式、服务模式等外在形态,并以此驱动文化模式、管理模式、研发模式、运作模式等内在形态的重构。

(四)开放包容是"互联网+"企业文化的界面特征

互联网时代是一个互联互通的商业民主时代,是一个你中有我、我中有你,相融互动、彼此相依的有机生态圈时代。开放、包容是互联网思维的基本特征,首先,企业内部要拆掉"部门墙""流程桶",真正面向客户一体化运行;其次,企业在外部要从封闭走向开放,要从单一竞争走向竞合;最后,在文化价值诉求多元的社会和组织中,要允许不同价值诉求的表达,要能包容挑战、质疑和失败,建立跨文化的沟通与交流机制,基于企业使命和愿景凝聚不同背景、不同价值诉求的人共同为客户创造价值,为企业的战略目标做贡献。

随着移动互联网的快速发展,企业团队变小了,管理变少了,速度变快了;高度信息化已经让组织高度透明;传统架构庞大、制度呆板、流程复杂、效率低下的层级制金字塔式组织结构,已经不再适应快速变化的市场环境,正在被扁平化的组织结构、弹性的工作模式和团队合作的机制等所代替;企业文化体系及其概念的内涵和外延从根本上也被颠覆和变革。互联网时代的企业必须把握好"互联网+"的企业文化的内核,对标成功的互联网转型企业的企业文化,把握好企业文化变革的关键和节奏,通过推动文化转型来最终实现企业的商业模式、管理模式、领导方式的转型。

第二节　互联网时代经营管理理念创新

在商业环境、生产方式以及管理手段均受互联网的影响而发生变化的情况下,企业的管理目标、管理思想也必将进行调整。伴随着产业结构的升级,技术型、创意型、服务型企业的比重越来越大,职场新新人类不断增多,为了适应快速反应、不断创新的市场(客户)需求,以强调团队的创新性、主动性、自适应性,同时追求个人创造力最大化的新型现代化管理思想、管理理念日渐成为趋势。管理的目标不再是简单地强调结果、制度和流程，而是更加以人为本，突出文化，贴近员工。

一、幸福管理理念

尽管人们对幸福的内涵、理解和价值标准有所不同，但无论是工作还是学习，莫不以幸福为最终追求。在互联互通、高效率、快节奏、复杂多变的社会背景下，人们对幸福的渴望、要求与标准更高。幸福工作、工作满足感、工作与生活的和谐感，已经成为当代员工的求职选择、组织承诺的重要心理契约。进一步讲，许多研究表明：幸福的员工比不幸福的员工有更多的工作成效，更具有稳定性和生机活力。对当今的互联网社会和互联网经济而言，幸福管理已成为个体、群体和组织必须认真关注的组织行为变量与价值创造的动力源泉。

员工的幸福管理就是以积极心理资本为指导，从个体、群体和组织方面对员工幸福价值进行文化营造、统筹规划、个性激励、行为调整的管理理念与方法。幸福管理既是一种文化理念，也是一种方法论，其精髓在于通过个体激励和心理支持创造员工获得感和成就感，通过群体的合作与和谐关系塑造员工的积极情感，通过组织价值的创造塑造员工的组织荣誉感和向心力。

互联网时代的企业员工幸福管理内容一般涉及对工作机会的满意、对工作意义的认同、对薪酬福利水平与公平的需求、对组织与同事以及和谐与归属的情感等。但互联网正在快速地改变人们的生活和工作方式，强化了人际虚拟沟通的场景，开启了社群中一切信息的分享传感之道，创造了越来越多的新工作机会、工作场所和"竞合"格局。

发现和匹配员工工作的价值与意义。许多常识和经验似乎都认为员工薪酬福利的显著增强是幸福管理的首要命题，然而，一方面，大多数研究均没有明确支持其"首要"性；另一方面，大多数研究尤其是对新生代员工的研究发现，员工幸福来源的基本要义是岗位工作对于其个人、同事、组织和客户所创造的价值，这一点在互联网时代得到明显的增强。

信任与成才堪比黄金一样贵重。互联网时代的企业，尤其是科技型企业，其组织管理更加扁平化和网络化，许多基层员工承担了平台型、模块化、超链接性的工作，其重要性、先导性、责任感和使命感较之金字塔组织大大增强。这时，组织和领导对员工的组织信任、资源支持、心理授权和情感关照对员工的信心增强、工作成长和能力发挥极为关键。员工对组织信任和成长机会给予的感知越强，其幸福感越强，执行挑战性工作的能动性也就越强。

让自我实现成就员工幸福感。员工幸福感研究学者沃特曼认为，具有幸福感的人全心全意地投入活动中时，其潜能得以充分发挥，自我得以表现，进而有助于达成自我实现的体验，从而实现自我的愉悦。互联网时代为这一幸福感的获得打造了平台，创造了无数可能性。互联网时代的企业都必须竭尽所能地通过制度设计、平台搭建、人才培养、氛围营造、巨奖激励的方式激发员工自我实现的意识和行动力。

工作与生活的平衡感影响幸福指数。互联网能将全球各个角落不分时间地并联在一起，在线、即时、跨界、快速、不确定、非线性成了"网民"工作的常态，许多企业的员工已经很难区分工作时间和生活时间。越来越多的员工因为工作与生活的不平衡造成工作热闹内心孤寂、身价上涨身体透支。任何一家有社会责任感的企业都应当把员工工作与生活之间的平衡作为人力资源管理的中心工作之一。企业应当合理地规划岗位、工作目标和进度，使员工工作强度、难度与竞争压力适中；不鼓励员工加班，拒绝员工将工作带回家；将员工心理支持计划引进企业；为方便和促进员工下班后的生活创造机会和平台；合理安排工作轮休，工作和生活互为补充，互为因果。生活安宁和幸福的人才能保持持续的工作热情，使得事业有成，进而家庭和睦，形成良性循环。

二、自组织管理理念

近年来，在互联网大潮下，自组织管理成为人们关注的话题。一般认为，自组织是一个系统。通过系统中、低层次单元或元素的局部互动和协同，在不存在外部特定干预和内部统一控制的条件下，从无序变得有序（或从有序变得更加有序），从低级形态走向高级形态，即形成新的结构及功能有序模式。企业的自组织管理实际上就是组织自发或自觉运用自组织的原理和方法，发现、解释、激发企业组织管理中的自组织力量，使企业组织远离封闭、固化、离散、死平衡、失能的运行状态，自动自发地成为具有活力、开发性、创造力及平滑、聚合、协同的动态效能组织。

在互联网时代，企业更加需要自组织管理，原因在于以下三个方面。

1.企业只有保持互联互通的开放性才能高效地自我更新。互联网社会的一个重要特征就是通过不限时、无限量地分发信息,各种信息和资源创造性地结合再传播,使社会经济中的各种资源被充分调动、激发起来。在互联网时代,企业要想在商业竞争能力要素方面建立优势或保持领先,就必须保持对内、对外的系统开放性、包容性,主动积极地借助互联网技术和信息,打破自己原有的均衡和优势,通过互联互通、信息共享、资源共享、组织变革等自主组织方式,创造新的能力。

2.互联网为企业非线性的自组织过程提供了机会和选择。互联网为企业的社会化组织提供了新的渠道和广布的资源,让企业走进了市场的中心,特别是社会的中心。过去,企业的技术创新、产品研发、产品设计几乎都是靠自身的能力或依靠长期商业伙伴合作来完成的。企业自身的技术储备、人员能力与态度、资本能力、合作关系质量,决定了企业产品的各种特性,这种隔断市场或远离市场的"线性"产品开发模式,导致企业产品技术、设计、外观、营销不符合客户的多样化需求,造成产品大量积压和产能过剩。而互联网为企业产品开发提供了"非线性"的自组织方案,企业可以通过自媒体、社交媒体、自有渠道,组建包含内部员工、客户、消费者、第三方专业人员、产品"发烧友"等在内的异质化的群体在互联网平台上集思广益地开发产品,并通过社区化互动向社区外部传播产品的口碑和品牌。

3.互联网时代的企业员工管理需要自组织管理。互联网时代的企业面临的竞争和市场瞬息万变,消费者和用户对企业产品与消费体验的要求越来越高。对于复杂多变、具有多元价值需求、突发事件频发的商业环境,组织开展扁平化、去中心化,一线人员自我决策能力与权力授予、人员自我管理能力、组织弹性化变得越来越重要。这就要求企业改变人员组织模式和领导方式,采用更接地气的弹性组织方式,更为重要的是建立和培养精干型、自律型、合作型的小型化组织,最大限度地培养员工的自我管理能力。

三、平台管理理念

在互联网模式下,地域垄断被打破,市场、产品和服务的空间距离被最大化地减小或消失。这使所有的企业都可以在互联网上面向所有的客户,也可能整合所有的资源。为此,原有的竞争逻辑被打破了,赢家通吃成为一些行业的"竞争法则"。为此,企业不得不跳出自身产品的藩篱,从产品管理拓展到平台管理。平台管理理念既指在中观产业和宏观经济层面上，基于互联网的平台模式，对多种产业甚至是全社会资源进行开放重组和融合再造的理念，也指微观层面上企业组织从内部积极尝试走向平台化。

互联网在本质上就是一个能够提供相互交流沟通、相互参与的互动平台，因而具备开放性的平台管理理念是互联网时代的经营管理理念的重要组成部分。企业的持续创新需要用平台化的组织结构去反映市场，即将组织去除中间层，围绕客户需求建立一种快速响应系统：平台扮演着基础服务商、资源调度者的角色，企业单元通过小微化、创客化去支持前端的灵活创新，以"多个小前端"去实现与"多种个性化需求"的有效对接。但企业平台管理理念的践行不仅仅是组织结构的变革，更重要的是关注人的发展。

(一)实现对个人价值的尊重，以人性化制度设计激活个体

建立平台化模式，并没有可复制的范式，但其本质应该体现在对人性的经营上。平台理念下的组织结构并不是简单的商业利益叠加，而是从使命、价值观上实现对平台上所有主体的融合和统一，进而实现彼此基于平台的更大的商业认同并彼此维系，形成良好的组织生态。这就需要管理者围绕人的生活、工作习惯展开研究，最终体现在如何最大限度地释放创业和创新活力上。

(二)注重平台建设中各类要素贡献者的利益关系

承认个体贡献，表现在企业制度方面就是要重塑各个利益攸关者之间的关系，从原来制造产品的加速器变成孵化创客的加速器。首先需要创建一个投资驱动平台，把企业从管控型组织变成一个投资平台，各部门和事业部转化成创业团队，让团队像利润中心一样运作，高度授权，承担相应的责任，将企业与团队的关系变成投资人与创业者的关系。与普通的投资者不同的是，企业负责驱动员工在正确的道路上前进。就过去的职能部门而言，人力、财务、战略、信息等构成了服务平台，已经做好的创业小微可以在该平台上购买服务。因此，员工原来都是由企业发薪，现在企业上级、员工上级都成为用户，为用户创造了价值，就会获得收益。平台设计的目标是让更多有才华的人利用这个平台去触达他的用户。这样，企业的管理者与被管理者之间的隶属关系变为事实上的合伙关系，这就在管理形式和产权形式上肯定了员工的主人翁身份。

(三)生态圈理念

在现代信息技术快速发展的背景下，企业为适应快速变化的、复杂的市场需求,将生态学的理论移植到对组织的分析中,并融入对经济学、管理学等的分析,发展成一种生态圈理念,并基于此产生了一种新的组织形式——生态型组织。生态型组织是组织管理在"市场经济"阶段的产物,以期实现:快速响应外部市场需要,资源要素自由、有效配置,进行内部利益交易,决策精准,创新不断涌现。在管理学中,生态型组织是弹性结构组织的一种,它的基本特性是流动性大,所制定的规章很少,鼓励员工组成工作小组开展工作以及生态型组织所竞争的核心资源是知识资源而非自然资源。在现今高度知识化的社会环境中,学习成为组织生产和发展的唯一手段。只有通过学习才能形成知识的运用与创造机制,进而通过自组织、自重构发展组织进化和适应环境的核心能力。如同自然生态系统中的要求一样,一个有机体想要生存下来,就必须满足学习的速度大于或等于其所处环境变化的速度。创造性的组织必然是具有极强学习能力的组织,只有通过学习才能形成创造力,也才能真正形成一个具备高度智能化和自适应能力的生态型组织。因此,生态型组织天然就应该具有快速学习的能力。

生态型组织的特点主要体现在组织生态位上。生态型组织强调组织必须发展与其他组织不尽相同的生存能力和技能,找到最能发挥自己作用的位置,也就是找准组织生态位。组织生态位是一个多维的概念,由时间、位置和可用资源三个变量决定。其中,组织生态位的位置变量既包括组织市场所处的地理位置,还包括组织在价值链和组织生态系统价值网中所处的环节位置。通过确定组织生态位,实现不同组织间组织生态位的分离,不仅减少了组织间的竞争,更重要的是为组织间的功能耦合形成超循环,进而为实现自组织进化提供条件。

(四)极致理念

极致理念就是力争把产品、服务和客户体验做到能力的极限,夸张地说就是用生命来满足消费者的需求,为消费者服务。

互联网时代的全透明要求极致理念。互联网的日益普及使得人与人之间低成本、零距离、无障碍地互动、互联、互通的交流与沟通成为可能。这种交流和沟通逐渐消除了信息的不对称,使互联网时代变得全透明,不费吹灰之力就能找到更好的产品或者替代品。因而,只有秉持极致理念,且做到极致,才能在这个全透明的时代找到市场的丁点缝隙并进入市场。

互联网时代的新型竞争方式要求极致理念。当今时代,电子商务逐渐渗透到人们消费的方方面面,企业得以面对最终的消费者,渠道变得越来越扁平化。

从"渠道为王"渐变到"产品为王""消费者为王",顺应了产品过剩、消费者主权的鲜明的互联时代特征。只有秉持极致理念,才能在这个以消费者为主的时代靠高质量、精致服务、非常体验等获得消费者的青睐。

互联网时代的新型消费要求极致理念。互联网时代,所有的核心服务是免费的,看新闻、搜索、使用邮箱以及其他通信等都是免费的。消费者只要通过鼠标轻轻一点,就可以在琳琅满目的同一类型的产品中进行产品质量、价格的对比。消费者不再是被动地接受产品,而是努力表达自己的需求,寻求与供应商之间的互动,追求商品的物美价廉。所以,只有秉持极致理念,将产品、服务、体验做到极致,才能满足新型消费者的需求。

第三节　互联网时代企业文化理念创新

互联网时代对传统企业提出了挑战,所有的企业都面临着重新洗牌的局面。同时,人们也对互联网时代企业的文化创新抱有浓厚的兴趣和积极的探索精神。

一、共享共赢的平台文化

在互联网日益深度应用的环境下,最近一两年,众筹、众包、众享等概念与现象已经广泛地在社会扎根和无限地扩展开来。这些现象、概念和事实表明,"共享经济"作为一种经济形态和文化产业登上了互联社会的舞台。从商业模式上而言,共享经济的产生是在互联条件下,当社群理念、社群需求、社群市场、社群资源、社群行为共享融合后,产生了价值创造与快速成长的可能,由此改变了社会商业资源单向度和不对称的应用通道,产生了"共享共赢"的经济模式。人们应该注意到共享经济的产生,除了得益于互联的技术条件外,更重要的核心实际上是互联社群可以共享的理念、需求和行为,这些正是互联社会和共享商业发展的核心文化要素。

"共享共赢"作为一个组织文化概念,其实并不难理解,是在互联信息条件下,基于合作共识、共有信任和制度(平台)可靠性的基础上,市场主体通过供给、让渡资源或资本,共同互惠合作创造价值,获得合意的价值收益与精神获得感。

人类对于合作的需求与合作的认同从来没有淡忘过,正如文化人类学大师马林诺夫斯基所指出的"在好像那最原始初民寻觅野食一般的简单动作中,也是有一定的合作的。在一家中有分工,在一个社区中各家之间又有合作"。在现代经济社会中,合作行为的发生,从文化上而言,一定需要有理念需求的共识、信任的桥梁和制度平台的连接。当市场主体共同认为某一事项有重大价值,又能满足社会心理需求,且必须通过紧密合作才能成功或者效果最好时,"合作共享"的共识便容易达成。

借助互联平台获得快捷、便利、优质用车的服务。滴滴和优步两家企业都发现了这种需求共识,开发了满足两种主体的快捷、高效和可靠的平台,建立了两者共同信任的社会桥梁。因此,一经推出便迅速为市场主体所接受。

很显然,在这样的时代,"个体机会与自我实现"被充分激活,个体不依赖组织而发展的可能性大增。那么,在这样的情势下,组织遇到的重大挑战是员工依靠业务能力自主独立地创造价值实现经济独立以至收益最大化,与组织通过科层管理、控制资源与价值分配的传统组织模式越来越难以融合。简而言之,就是员工独立生存与自我实现的机会能力大大提高,而组织的传统雇用模式对于员工的价值感与归属感在快速下降。这时候,组织与员工的关系,如果仍然是雇用与服从的关系,那么这种组织必定会为市场和时代所遗忘。建立平等、共享和共赢的合作共享型的平台文化,是互联网时代企业组织必须探索的企业文化发展方向。

二、跨界创变的竞争文化

现代企业的竞争无论是基于成本、资源、技术、并购的竞争,还是基于人才、能力、信息、联盟的竞争,其共同点都表现为在同行业内部开展竞争。另外,企业的创新也主要表现在对产业内部开展的科技研发、产品结构、业态模式的核心竞争力的获取与维护。但在互联网时代,伴随着互联信息的广泛扩散、科学技术的快速传播与共享、云端资源及大数据技术的发展、人才的快速互联协同,企业内外部和行业内外的竞争形态正在发生着巨变。

也就是说,互联网时代,企业面临的商业环境更加具有不确定性。这种不确定性表现在多个方面,比如用户不再是企业或产品的消极接受者,而是企业生产经营的积极介入者。

互联网时代"未来已来"的环境不确定性是企业发展必须面对的新常态。

这种不确定性具有以下四个特征或要素。

1.机会源于变化,例如客户的变化,创意性和共享性用户的出现带来企业人才与商业模式变革的机会。

2.生活方式的改变,例如移动互联网、智能手机的普及以及信息消费的低成本,带来的随时消费、随时朋友圈分享、全时移动工作、随时资源信息互换。这些生活和工作方式的改变,让企业研发、生产、分配、消费必然呈现社交化、社会化特征。

3.渠道的变化,企业与消费者的连接桥梁变了,以前两者间还有许多相应的中间商来维持,随着"互联网+"的大幅度普及,企业与消费者的关联出现了更多模式,如 B2B、B2C、C2C 等,导致商业回归人性;随着互联网的完善,未来的商业本质是数据,企业寻找精准的客户依靠的是数据,同时,互联网打破了组织内部的壁垒,从原来的分工,到现在的协同,建立起生态协同系统逻辑。

4.共享经济带来的变革。共享经济时代,借助网络作为信息平台,已然将生产者与消费者、企业、行业的边界打破,加快了价值提升速度,重构出新的商业模式;同时,这种模式具有低成本、多元化、无形资产、高效网络等特点。

面对商业竞争环境和条件的变化与快速迭代,企业的经营文化应当融入"跨界创变"的文化基因,确立自己以变化应对变化的战略新常态。这里所说的跨界创变文化主要是指企业超越自身组织与行业的边界或惯性,突破组织内外部边界或规则定势,引入或创新企业经营和管理的知识、技术或手法,从而跨越边界实现变革并走向成功。当企业将这种跨界创变作为一种常态或习惯时,便具有了跨界创变的文化基因。

在互联网时代,许多习惯传统经营模式和商业手法的企业,或者没有看清互联技术与应用将颠覆传统经营管理模式,或者不相信新的业态模式或跨界者能够改变行业竞争的方式,或者缺乏融入"互联网+"做跨界变革的能力或人才。这些企业自身的商业文化仍然执着于"稳健应变"的习惯,对跨界变革的文化习惯或者漠视,或者陌生,或者具有天然的排异反应。所以,它们或者倒在机会风口上,或者在互联网时代止步不前。

三、开放包容的组织文化

(一)组织有鲜明特点

随着移动互联网的快速发展,用户主导企业经营,企业团队变小,管理变薄,速度变快,高度信息化已经让组织高度透明,传统架构庞大、制度呆板、流程复杂、效率低下的层级制金字塔式组织结构已经不再适应快速变化的市场环境,正在被扁平化的组织结构、弹性的工作模式和团队合作的机制等代替。企业必须尽早且勇于砸掉自己的旧世界,砸掉自己的"功劳簿",充分意识到在互联网时代,用户与企业、企业与员工之间的关系正在发生改变。第一个改变就是企业和用户之间是零距离,从原来的企业大规模制造变成大规模定制,所以生产线要改变。第二个改变是去中心化。互联网时代,每个人都是中心,没有中心,没有领导,因此科层制也需要被改变。第三个改变是分布式管理,企业可以利用全球的资源,全球就是企业的人力资源部门。

许多专家在探讨互联网精神时,虽然各有不同的观点,但几乎都认同将"自由、开放、共享、兼容"作为互联网的基本精神。这些基本精神基本上决定了互联网时代的组织是一种"水样组织"——"自身要素简单,组织形态柔性适变,包容聚合异质要素,保持动态活力"。这样的组织有两个鲜明的特点:开放互联和柔性包容。

1. 互联网时代,组织的开放互联就是要在组织之间和组织内部保持多边互联互通。在组织外部,企业不再追求一枝独秀,开始寻求开放合作。在组织内部,各部门边界逐渐模糊,各部门之间能够加强合作,互通有无,使组织的凝聚力更强,共同为一个目标奋斗。企业的文化正在从传统的等级制度文化向团结协作的文化转变。

2. 互联网时代,组织的柔性包容是要在组织内外部保持弹性、开放、吸收、进化的行动特征。柔软是水的重要物理特性——水可以适应任意形状的器皿,可挥洒、可吸收、可挥发、可耐压、可自由渗透。这种柔软的特性使其具有强大的生命力、承受力和适变性。在互联网时代,组织应当像水一样,从产品设计、品牌印象、服务管理到企业文化、管理制度、领导行为、员工管理都具有亲和力;对任何竞争环境、市场环境、经济政策、技术环境的变化都具有灵活调整和快速适应的能力与条件。

(二)组织文化的特点

互联网时代的这种组织特性要求与其相匹配的组织文化具有开放包容的文化特质,这种文化特质主要指的是企业的管理、领导和组织行为必须具有文化心智的开放性、文化心态的包容性、结构边界的开放性。

1. 文化心智的开放性

当代人类社会知识的老化速度或更新速度远远超越了以往任何一个时代，有的研究指出当前知识更新的周期在 1~3 年，而 100 年前这个周期还是 50 年，甚至有人指出人们对知识的学习速度已经赶不上知识更新的速度。另外，互联网时代，由于虚拟空间信息互联超越了时空限制，并且虚拟世界和实体世界的边界也在模糊，企业商业经营环境的风险和机会同时都有了"不确定性"，这意味着内部创新更加艰难，外部创新随之出现。此外，企业发展到一定阶段会出现不稳定发展现象，问题基本出在其组织文化不持续开放上，让企业丢失了实现自我变革的机会。在这种情势下，依靠特定个体、特定群体是无法胜任不确定性的挑战和机遇的。企业在创新、决策、执行、协调方面保持心智逻辑的开放性，从任何可能的想法、做法，甚至看似荒谬的想法中发现其合理性的"火种"。文化心智的开放性，对于企业在互联网时代的创新战略尤其有价值；许多企业引入"开放式创新"理念，均衡协调企业内外部资源来产生新思想，综合利用企业内外部各种资源，通过多种方式如技术合伙、战略同盟等来为创新活动服务。随着互联网的盛行与普及，以及信息和数据的价值越来越凸显，开放式创新已经逐渐成为企业创新的主导模式。

2. 文化心态的包容性

就如同在树林里找不到两片一模一样的树叶，同样，在世界文化大花园中，也不存在两种一模一样的文化。不同个体、组织和民族之间因其成长环境、成长路径、语言、个性偏好、群体关系等因素而呈现出文化的差异乃至多样性。在个体价值崛起的互联网时代，不同个体、社群、组织之间的多样性、个性化、创意性发展和展示将是一种文化发展的新常态。针对这种现实情况，不论是个体还是企业组织，都应当秉持文化的包容性心态，吸收借鉴其他文化的优秀与先进之处为自己所用，并对其他优秀文化采取友好与相容的态度，而不是对其采取排斥与对立的态度。在心态包容性上，企业还应当对本企业员工的个性化、创造性工作行为持有包容的心态，不苛责员工的错误或者失败，而是给予适当的鼓励，这样就会营造一种宽松、愉悦的精神环境，大大地激发员工的主动精神和创造精神。

3. 结构边界的开放性

这里的结构边界开放性既指文化结构边界的开放性，也指组织结构边界的开放性。在互联网的技术与经营环境中，企业的经营和竞争仍然需要依靠组织，但这种组织不应是容易僵化、固化、指挥链条较长、厌恶变革、反应滞后的组织结构,而应像水一样具有灵活韧性、本身结构简单却可进化万物、人员合作吸附能力强、稳定性与可塑性均较强的组织。这种组织的结构文化的重要特点就是结构边界的开放性,呈现出一种文化相容的"有组织无结构"的无边界组织状态。

四、自治参与的员工文化

互联网时代,个体的个性风格、价值能量、自我能动性被极大地激发出来。互联网是一个开放的平台,人们自愿进入其中,发表评论,选择与接收信息,所有行为都是个体的自主行为。从一开始的论坛、博客到现在的微博、微信,互联网的发展为个体的这些自主行为提供了越来越多的渠道。在网络时代,人人都可以做自媒体。人们通过自媒体平台分享自己的所见所闻,分享他们对某一社会问题的观点与建议,打破了传统媒体的条条框框,更加平民化、大众化。

在现代企业,尤其是科技企业或现代服务企业中,其新生代员工多是受过良好教育的知识型员工。与一般的员工相比,知识型工作者对其所从事的工作具有控制和支配的权力,同时也承担一定的工作责任。自主性的特点使得知识型工作者在工作中具有较强的独立性,不愿意接受他人的控制,能够进行自我管理和自我控制。这种自主性也使得知识型工作者具有较强的创造能力。

知识型工作者所从事的工作具有多变性,这就要求它们在变动的环境中充分发挥自己的主观能动性,创造出新的产品、技术或制度等。

任何企业经营者和创业者都要正视,这是一个需要员工对个人与组织关系进行重新认识和理解的时代。随着个人价值的飞速爬升,个人的知识结构、素质能力、职业信息等都在变得越发强大,个体个性被充分激活,超级个体应运而生,这样的个体不再单纯依赖组织,组织也不再简单要求个体。这种从层级到合作的全新关系界定,无论对个人抑或组织,都有着不同的挑战和对应的压力,同时也成为企业经营者必须面对的管理课题。组织的"消失",正在让企业的创新力重新迸发。不难发现,在组织的末梢生出越来越多的创新力量——无论是创客团队,还是事业合伙人。他们最接近真实的用户和使用场景,由他们主导的创意和创新,让企业更具生命力。

五、变革包容的领导文化

互联网时代的商业经营环境呈现出和以往任何时代都不一样的特征,如创新的极速性、跨界的经营性、环境的易变性与突变性等,许多企业和领导者尚不适应互联网时代的商业模式的颠覆性变化和企业经营管理面临的变革机遇与挑战,因而,"成功乃失败之母""打败成功"成为许多过去成功的企业目前遭遇的滑铁卢,只有将领导变革视为己任的组织才能生存下来。在此情境下,领导者的作用不仅是激励,也是明确任务的手段。最重要的是,他需要让同事理解,奋斗的目标不是他个人的目标,而是大家的共同目标,它产生于群体的期望和活动中。正是因为要这样去理解领导者的作用,所以组织文化中的领导文化,首先表现为管理者要成为变革领导者,一个变革领导者需要打造新的领导力,能够为组织输入全新的价值,并有足够的韧性和坚持,带领组织接受巨大的挑战。

另外,互联网时代的企业要更好地适应复杂多变的环境,要建立开放、包容的组织文化,就需要领导者不仅有变革的魄力与能力,也要有包容的领导形态与领导行为。简而言之,包容型领导风格应是互联网时代企业领导者必须具有的文化风格。包容型领导是基于包容思想提出的一种新型的领导方式,是指领导者在与下属的互动过程中表现出开放性、易接近性和有效性,以下属是否感受到领导是有效的、领导是否倾听和关注下属的需求为重点。包容型领导不是平衡,也不是压抑,而是以柔和的姿态让所有的组织成员都参与到组织管理中,并公平共享组织发展的成果。包容型领导风格是领导者适应互联网时代人员背景的多样性、个性发展和需求的多样性,以及知识型员工多元价值主张的必然。一般都认为互联网时代的员工和下属不仅思维活跃,兴趣爱好广泛,具有鲜明的个性特征,而且在工作的自主性和决策权的需求方面都超过上一代员工和下属,他们的权利和民主意识、行动力也强于上一代员工及下属。此外,互联网时代的员工获取和掌握信息的条件与能力大大超过上一代员工及下属,许多员工本身就具有从网络"大数据"中发现、分析和解决问题的能力。

参考文献

[1]孙建滨,张鹏.浅析企业文化在促进油田公司发展中的应用[J].商业经济, 2022(10):111-113.

[2]顾俊.基于 CIS 理论的企业文化建设研究[J].投资与创业,2022,33(14): 154-156.

[3]陈柏君.新时期国有企业文化体系建设浅析[J].营销界,2022(14):44-46.

[4]曹忆江.努力做好新时代背景下中国企业文化宣传工作[J].中外企业文化, 2022(07):37-39.

[5]吴俏霞.论国有企业思想政治工作与企业文化建设的融合[J].中外企业文化,2022(07):124-126.

[6]郎芳.建筑设计企业文化的现代化建设探索[J].上海商业,2022(04): 200-203.

[7]杨长泉.企业党建与企业文化建设工作内在关系及融合[J].现代企业,2022 (04):130-132.

[8]杨衍磊.企业文化在企业管理中的战略定位[J].中国商论,2021(18): 149-151.

[9]李健.工会组织在企业文化建设中的作用研究[J].农场经济管理,2021 (09):63-64.

[10]许春宁.企业文化建设在企业管理中的重要性[J].商业文化,2021(25): 18-19.

[11]王波.企业博物馆3.0[M].南京:江苏人民出版社,2020:264.

[12]李秋华.民营企业社会责任研究[M].杭州:浙江工商大学出版社, 2019:266.

［13］邓荣霖.论企业［M］.北京:中国人民大学出版社,2019:396.

［14］何建湘.企业文化建设实务［M］.北京:中国人民大学出版社,2019:342.

［15］刘开瑞,高晓林.中国会计文化理论架构研究［M］.北京:中国人民大学出版社,2018:294.

［16］田奋飞.基于文化基因的企业演化研究［M］.北京:中国人民大学出版社,2018:207.

［17］张莉.国有企业思想政治工作与企业文化建设融合研究［M］.成都:四川大学出版社,2016:359.

［18］彭仁忠.并购企业文化整合研究［M］.武汉:武汉大学出版社,2015:219.

［19］叶坪鑫,何建湘,冷元红.企业文化建设实务［M］.北京:中国人民大学出版社,2014:276.

［20］李少武,钮中阳,岳洪竹,等.经济学视角下的企业文化研究［M］.成都:四川大学出版社,2014:254.